# El Campo de Batalla de la MENTE

## Joyce Meyer

Editorial UNILIT

Harrison House

Publicado por
Editorial Unilit
Miami, Fl, U.S.A.
Derechos reservados

Primera edición 1997

© 1995 por Joyce Meyer
Life In the Word, Inc.
P.O. Box 655 Fenton, Missouri 63026
Originalmente publicado en inglés con el título:
*Battlefield of the Mind* por Harrison House, Inc.
Tulsa, Oklahoma

Traducido al español por: Alicia Valdés Dapena
Citas bíblicas tomadas de la Santa Biblia, revisión 1960
© Sociedades Bíblicas Unidas
Otras citas marcadas B.d.l.A. "Biblia de las Américas"
© 1986 The Lockman Foundation, y
"La Biblia al Día
© 1979 Living Bibles Int
Usadas con permiso.

Producto 550100
ISBN 0-7899-0385-7
Impreso en Colombia
*Printed in Colombia*

# *Dedicatoria*

Me gustaría dedicar *El campo de batalla de la mente* a mi hijo mayor, David.

Sé que tu personalidad se parece lo suficiente a la mía, para que te hayas llevado tu parte en las luchas en el campo mental. Te veo crecer sin cesar y sé que estás experimentando las victorias que vienen de la renovación de la mente.

Te amo, David, y estoy orgullosa de ti. ¡Sigue adelante!

# CONTENIDO

Primera parte:

# *Importancia de la mente*

# Introducción

*Porque las armas de nuestra contienda no son carna-
les [armas de carne y sangre], sino poderosas en Dios
para la destrucción de fortalezas; [Por cuanto va-
mos] destruyendo especulaciones y todo razonamiento altivo que se levanta contra el [verdadero] conocimiento de Dios, y poniendo todo pensamiento en
cautiverio a la obediencia de Cristo (el Mesías, el
Ungido).*

2 Corintios 10:4-5

¿Cómo podemos expresar la importancia de nuestros pensamientos lo suficiente, a fin de transmitir el verdadero signi-
ficado de Proverbios 23:7 *"¿Pues como piensa* [una persona]
*dentro de sí, así es..."*?

Mientras más tiempo sirvo a Dios y estudio Su Palabra, más
me percato de la importancia de los pensamientos y las palabras.
Con regularidad, el Espíritu Santo me dirige a estudiar estos campos.

Ya he dicho —y estoy convencida de que es cierto— que
mientras estemos en esta tierra, necesitaremos estudiar estos campos
de los pensamientos y las palabras. No importa cuánto sepamos de
cualquier campo, siempre hay nuevas cosas que aprender, y otras
que habíamos aprendido antes, que hace falta refrescar.

¿Qué significa en realidad Proverbios 23:7? La Versión
Reina Valera, dice: *Porque cual es su pensamiento* [de un
hombre] *en su corazón, tal es él.* Otra traducción dice: "Tal
como un hombre piensa en su corazón, así se vuelve".

La mente es el líder o precursor de todos los actos. Romanos 8:5 lo deja bien claro: *Porque los que viven conforme a la carne, ponen la mente en las cosas de la carne, pero los que viven conforme al Espíritu, en las cosas del Espíritu.* Nuestros actos son el resultado directo de nuestras ideas. Si tenemos una mente negativa, tendremos una vida negativa.

Si, por otro lado, renovamos nuestra mente de acuerdo con la Palabra de Dios, como promete Romanos 12:2, verificaremos por experiencia propia "cuál es la voluntad de Dios: lo que es bueno, aceptable y perfecto" para nuestras vidas.

He dividido esta obra en tres partes principales. La primera trata de la importancia de los pensamientos. Quiero grabar en tu corazón para siempre que necesitas comenzar a pensar en qué estás pensando.

Pues los problemas de mucha gente tienen sus raíces en patrones de pensamiento que en realidad producen los problemas que los agobian en sus vidas. Satanás ofrece ideas torcidas a todo el mundo, pero no tenemos que aceptar sus ofertas. Aprende cuáles ideas son aceptables para el Espíritu Santo, y cuáles no lo son.

En 2 Corintios 10:4-5 queda muy claro que tenemos que conocer la Palabra de Dios lo suficientemente bien como para ser capaces de comparar lo que tenemos en la mente con lo que Dios tiene en Su mente; cualquier pensamiento que intente exaltarse por encima de la Palabra de Dios hemos de aplastarlo y traerlo cautivo a Jesucristo.

Ruego a Dios que este libro te ayude a hacer esto.

La mente es el campo de batalla. Es de vital necesidad que nuestros pensamientos concuerden con los de Dios. Es un proceso que tomará tiempo y estudio.

Jamás te des por vencido, porque irás cambiando poco a poco. Mientras más cambias tu mente para mejorar, más cambiará tu vida para mejorar también. Cuando empieces a ver el buen plan de Dios para ti en tu mente, empezarás a andar en él.

1

# La mente es el campo de batalla

*Porque nuestra lucha no es contra sangre y carne [contendiendo sólo con oponentes físicos], sino contra principados, contra potestades, contra [los espíritus dominantes que son] los poderes de este mundo de tinieblas, contra las huestes espirituales de maldad en las regiones celestes [sobrenaturales].*

Efesios 6:12

De las anteriores Escrituras deducimos que estamos en guerra. Por el estudio cuidadoso de este versículo nos enteramos de que nuestra batalla no es contra otros seres humanos, sino contra el diablo y sus demonios. Nuestro enemigo, Satanás, intenta derrotarnos con estrategia y falsedad, mediante planes bien calculados y engaños deliberados.

El diablo es un embustero. Jesús lo llamó *...mentiroso y el padre de la mentira* (Juan 8:44). Nos miente a ti y a mí. Nos dice cosas de nosotros, de otras personas y de las circunstancias que simplemente no son verdad. Sin embargo, no nos dice toda la mentira de una sola vez.

Comienza bombardeándonos la mente con un patrón ingeniosamente imaginado de fugaces pensamientos irritantes. Él conoce nuestras inseguridades, nuestras debilidades y nuestros temores. Sabe qué nos molesta más. Está dispuesto a invertir todo el tiempo que haga falta para derrotarnos. Uno de sus puntos fuertes es la paciencia.

## Derribando las fortalezas

*Porque las armas de nuestra contienda no son carnales [armas de carne y sangre], sino poderosas en Dios para la destrucción de fortalezas; [Por cuanto vamos] destruyendo especulaciones y todo razonamiento altivo que se levanta contra el [verdadero] conocimiento de Dios, y poniendo todo pensamiento en cautiverio a la obediencia de Cristo (el Mesías, el Ungido).*

2 Corintios 10:4-5

Mediante su cuidadosa estrategia y su astuto engaño, Satanás intenta levantar "fortalezas" en nuestra mente. Una fortaleza es un área en la cual nos mantiene en atadura (en prisión) debido a cierta manera de pensar.

En este pasaje, el apóstol Pablo nos dice que tenemos las armas que necesitamos para vencer las fortalezas de Satanás. Aprenderemos más acerca de estas armas después, pero ahora mismo, por favor observa que otra vez vemos que estamos enzarzados en una guerra, la guerra espiritual. El versículo 5 nos muestra claramente donde esta situado el campo de batalla en el cual se desarrolla esta guerra.

La traducción de *La Biblia de las Américas* nos dice que hemos de empuñar estas armas y refutar los argumentos. El diablo discute con nosotros; nos ofrece teorías y razonamientos. Toda esta actividad tiene lugar en la mente.

*La mente es el campo de batalla.*

## Resumen de la situación

Así que hasta ahora hemos visto que:

1. Estamos enzarzados en una guerra.
2. Nuestro enemigo es Satanás.
3. La mente es el campo de batalla.
4. El diablo se ocupa diligente en levantar fortalezas en nuestra mente.
5. Lo hace mediante estrategia y engaño.
6. No tiene prisa; se toma su tiempo para llevar a cabo su plan.

Examinemos su plan con más claridad mediante una parábola.

## El lado de María

María y su esposo Juan no están disfrutando de un matrimonio feliz. Hay conflictos entre ellos todo el tiempo. Ambos están enfadados, amargados y resentidos. Tienen dos hijos que se están afectando con los problemas en el hogar. El conflicto se está reflejando en su rendimiento escolar y su conducta. Uno de los hijos presenta problemas estomacales causados por los nervios.

El problema de María es que no sabe cómo permitir que Juan sea el cabeza de familia. Ella es mandona; quiere tomar todas las decisiones, manejar el presupuesto y disciplinar a los hijos. Quiere trabajar para tener su "propio" dinero. Es independiente, gritona, exigente y regañona.

Ahora puede que estés pensando: "Lo que necesita es conocer a Jesús".

¡Ya Lo conoce! María recibió a Jesús como su Salvador hace cinco años; tres años después que ella y Juan se casaran.

13

"¿Me quieres decir que no ha habido un cambio en María desde que recibió a Jesús como su Salvador?"

Sí, ha habido un cambio. Ella cree que irá al cielo, a pesar de que su mala conducta le hace sentir condenación constante. Ahora tiene esperanza. Antes de que conociera a Jesús, se sentía desdichada y sin esperanzas; ahora sólo se siente desdichada. María sabe que su actitud está mal. Ella quiere cambiar. Ha recibido consejo de dos personas, y se presenta en casi todas las filas de quienes piden oración para vencer la cólera, la rebelión, la falta de perdón, el resentimiento y la amargura. ¿Por qué no ha podido mejorar más?

En Romanos 12:2 se encuentra la respuesta: *No os adaptéis a este mundo (esta era) [conformados y adaptados a sus costumbres externas y superficiales], sino transformaos (cambiaos) mediante la renovación [completa] de vuestra mente [por sus nuevos ideales y su nueva actitud], para que verifiquéis [por experiencia propia] cuál es la voluntad de Dios: lo que es bueno, aceptable y perfecto [en Su opinión para ti].*

María tiene fortalezas en su mente. Han estado allí durante años. Ella ni siquiera sabe cómo llegaron allí. Entiende que no debería ser rebelde, dominante, regañona, etcétera, pero no sabe qué hacer para cambiar su naturaleza. Parece que simplemente reacciona en ciertas situaciones en una manera impropia porque no puede controlar sus actos.

María no puede controlar sus actos porque no controla sus pensamientos. No controla sus pensamientos porque hay fortalezas en su mente que el diablo erigió allí muy temprano en su vida.

Satanás empieza a desarrollar sus bien urdidos planes y a sembrar su engaño deliberado a muy temprana edad. En el caso de María, sus problemas empezaron hace mucho tiempo, en su niñez.

Cuando era niña María tenía un padre sumamente dominante, quien a menudo le daba de nalgadas sólo porque estaba de mal humor. Si ella se equivocaba en un movimiento, él descargaba su cólera sobre ella. Durante años sufrió inerme mientras su padre la maltrataba a ella y a su madre. Él le faltaba el respeto en todas las formas a su esposa y a su hija. Sin embargo, el hermano de María nunca parecía hacer nada mal. Parecía que lo favorecía sólo por ser varón.

Cuando María cumplió los dieciséis años, ya Satanás le había lavado el cerebro, diciéndole mentiras por este estilo: "Los hombres se creen que son importantes. Son todos iguales; no se puede confiar en ellos. Te lastimarán y se aprovecharán de ti. Si eres hombre, ya tienes resuelta tu vida. Puedes hacer lo que quieras. Puedes mandar a la gente que te rodea, ser jefe, tratar a la gente como te parezca y nadie puede hacer nada al respecto (especialmente las esposas e hijas)".

Como resultado, María estaba decidida: "¡Cuando pueda escapar de esto, nadie podrá abusar de mí otra vez!"

Ya Satanás estaba librando la guerra en el campo de batalla de su mente. Dale vueltas a esos pensamientos una y otra vez en tu cabeza cientos de miles de veces durante un período de diez años, y mira a ver si estás listo para casarte y volverte una dulce esposa sumisa y amante. Incluso si por algún milagro desearas serlo, no sabrías cómo hacerlo. Esta es la clase de embrollo en que María se encontraba hoy. ¿Qué podría hacer? ¿Qué podría hacer cualquiera de nosotros en semejante situación?

## Las armas de la Palabra

*...Si vosotros permanecéis en mi palabra, verdaderamente sois mis discípulos, y conoceréis la verdad, y la verdad os hará libres.*

Juan 8:31-32

Aquí Jesús nos dice cómo hemos de lograr la victoria sobre las mentiras de Satanás. Tenemos que adquirir el conocimiento de la verdad de Dios en nosotros, renovar nuestras mentes con Su Palabra, y después emplear las armas de 2 Corintios 10:4-5, derribar las fortalezas y toda cosa altiva que se levante contra el conocimiento de Dios.

Estas "armas" son la Palabra recibida por medio de prédicas, enseñanzas, libros, cintas, seminarios y estudios bíblicos privados. Pero tenemos que "permanecer" (perseverar) en la Palabra hasta que se convierta en la revelación dada por inspiración del Espíritu Santo. Perseverar es importante. En Marcos 4:24 Jesús dice:...*La medida [de reflexión y estudio] con que medís [la verdad que escuchas] seréis medidos [en virtud y conocimiento]*... Repito, tenemos que *continuar* usando el arma de la Palabra.

Otras dos armas espirituales disponibles para nosotros son la alabanza y la oración. La alabanza derrota al diablo más rápido que ningún otro plan de batalla, pero tiene que ser genuina alabanza del corazón, no sólo de dientes para afuera o un método que se prueba para ver si da resultado. Por otra parte, la alabanza y la oración implican la Palabra. Alabamos a Dios de acuerdo con Su Palabra y Su bondad.

La oración es la relación con la Divinidad. Es venir y pedir auxilio o hablar con Dios de algo que nos preocupa.

Si quieres tener una vida de oración eficaz, desarrolla una buena relación personal con el Padre. Sabe que Él te ama, que está lleno de misericordia, que te ayudará. Conoce a Jesús. Él es tu amigo. Murió por ti. Conoce al Espíritu Santo. Él está contigo todo el tiempo como tu ayudador. Permite que te ayude.

Aprende a llenar tus oraciones con la Palabra de Dios. La Palabra de Dios y nuestra necesidad es el fundamento sobre el cual venimos ante Él.

Así, nuestras armas son la Palabra empleada de varios modos. Tal como Pablo nos dice en 2 Corintios, nuestras armas no son carnales (de carne); son espirituales. Nos hacen falta armas espirituales porque estamos combatiendo contra espíritus maestros, sí, incluido el mismo demonio. Aun Jesús empleó el arma de la Palabra en el desierto para derrotar al diablo (Lucas 4:1-13). Cada vez que el diablo le mintió, Jesús respondió con "Escrito está," y le citó la Palabra.

En tanto María aprende a usar sus armas, empezará a demoler las fortalezas que han sido erigidas en su mente. Conocerá la verdad que la hará libre. Verá que no todos los hombres son como su padre terrenal. Algunos lo son, pero muchos no. Su esposo, Juan, no lo es. Juan ama mucho a María.

## El lado de Juan

El otro lado de la historia implica a Juan. Él también ha tenido problemas que son factores contribuyentes a la situación que él y María enfrentan en su matrimonio, su hogar y su familia.

Juan debería haber tomado su posición como cabeza de familia. Dios lo ha destinado a ser el sacerdote de este hogar. Juan también ha nacido de nuevo y sabe cuál es el orden adecuado para la vida familiar. Sabe que no debería permitir que su esposa manejara la casa, el presupuesto familiar, a los niños y a él. Sabe todo esto, pero no hace nada al respecto excepto sentirse derrotado, mostrarse retraído y refugiarse en la televisión y los deportes.

Juan se está escondiendo de su responsabilidad porque odia las confrontaciones. Prefiere adoptar una actitud pasiva, pensando: "Bien, si dejo todo así, quizás se resuelva por sí solo". O inventa excusas por no actuar diciendo: "Oraré por eso". Por supuesto, es bueno orar, pero no como un modo de evadir responsabilidades.

Permíteme aclararte lo que quiero decir cuando afirmo que Juan debería asumir la posición que Dios le ha destinado en el hogar. No me refiero a que él debiera presentarse como "señor Macho", alardeando y desbarrando acerca de su autoridad. Efesios 5:25 nos enseña que el hombre debe amar a su esposa como Cristo ama a su Iglesia. Juan necesita asumir su responsabilidad, y con la responsabilidad viene la autoridad. Él debe ser firme con su esposa; amoroso pero firme. Debe asegurarle a María que aunque ella haya sido lastimada cuando era niña, al entregarse a Dios mediante su confianza en Él, ganará confianza en que no todos los hombres son como era su padre.

Juan debía estar haciendo un montón de cosas; pero lo mismo que María, él también tiene "esquemas mentales" que le abren la puerta al diablo para mantenerlo cautivo. También hay una batalla en pleno fragor en la mente de Juan. Al igual que María, abusaron de él verbalmente en su niñez. Su dominante madre tenía una lengua afilada y con frecuencia le decía cosas muy hirientes, como: "Juan, eres un desastre; nunca llegarás a ser nada".

Juan intentó complacer a su madre con todas sus fuerzas porque deseaba ardientemente su aprobación (como todos los niños); pero mientras más se esforzaba por lograrlo, más errores cometía. Tenía el hábito de ser desmañado, así que su madre todo el tiempo le repetía qué "torpe" era. Por supuesto, él dejaba caer las cosas porque estaba tratando con tanto empeño de complacer, que se ponía nervioso, y echaba a perder sus intentos.

También sufría algunos desafortunados rechazos de niños con quienes deseaba hacer amistad. Este tipo de cosas nos sucede a la mayoría de nosotros en algún momento de nuestras vidas, pero para Juan fue devastador porque ya había sufrido el rechazo de su madre.

Y también hubo una chica que le gustaba de veras en sus años de escuela superior, quien lo rechazó por otro muchacho. Para cuando todas estas cosas habían dejado su marca indeleble en la vida de Juan, y el diablo había bregado diligente en él, erigiendo fortalezas en su mente durante años y años, Juan sencillamente no tenía valor para hacer otra cosa que quedarse quieto, tímido y retraído.

Juan es un tipo de persona apacible que simplemente decide no hacer olas. Durante años ha recibido ideas dirigidas a él que son por este estilo: "No sirve de nada decirle a nadie lo que piensas: de todas formas no van a oír. Si quieres que la gente te acepte, lo único que puedes hacer es seguirles la corriente".

Las pocas veces que trató de hacer valer su punto de vista en algún asunto, parecía que él siempre terminaba perdiendo, así que al final decidió que las confrontaciones no merecían la pena del esfuerzo.

"De todas formas voy a perder al final", razonaba, "así que, ¿para qué empezar algo?"

## ¿Cuál es la respuesta?

*El Espíritu del Señor está sobre mí [el Ungido, el Mesías], porque me ha ungido para anunciar el Evangelio [las buenas nuevas] a los pobres. Me ha enviado para proclamar libertad a los cautivos. Y la recuperación de la vista a los ciegos; para poner en libertad a los oprimidos [quienes están pisoteados, lastimados, aplastados y quebrantados bajo la calamidad]; para proclamar el año favorable del Señor [el día en que la salvación y los dones de Dios abunden y se desborden].*

Lucas 4:18-19

Con los problemas conflictivos de Juan y María, no es difícil de imaginar lo que es su vida doméstica. Recuerda, ya dije que había muchísimo conflicto allí. El conflicto no siempre es guerra abierta. Muchas veces, el conflicto es una corriente subterránea de ira en el hogar que todo el mundo sabe que está ahí, pero nadie la enfrenta. La atmósfera en este hogar es terrible, ¡y el diablo está encantado!

¿Qué sucederá con Juan y María y sus hijos? ¿Lograrán vencer? Son cristianos; sería una vergüenza que su matrimonio fracasara y su familia quedara arruinada. Sin embargo, todo está en manos de ellos. Juan 8:31-32 será una Escritura clave para su decisión. Si siguen estudiando la Palabra de Dios, conocerán la verdad, y actuar en la verdad los liberará.

*Pero* ambos tienen que enfrentar la verdad acerca de sí mismos y sus pasados, mientras Dios se lo revela.

La verdad siempre se revela mediante la Palabra; pero tristemente, la gente no siempre la acepta. Es un proceso doloroso enfrentarnos a nuestras faltas y lidiar con ellas. Hablando en general, la gente justifica la mala conducta. Permite que su pasado y su crianza afecten negativamente el resto de su vida.

Nuestro pasado puede explicar por qué estamos sufriendo, pero no podemos usarlo como excusa para permanecer atados.

Nadie tiene excusa, porque Jesús siempre está listo para cumplir Su promesa de liberar a los cautivos. Él andará con nosotros mientras atravesamos la meta de victoria en cualquier campo si estamos dispuestos a llegar hasta el final con Él.

## La vía de escape

*No os ha sobrevenido ninguna tentación (ninguna prueba que nos incite al pecado, no importa cómo se presenta o a dónde conduce) que no sea común a los hombres [o sea, ninguna tentación o prueba se te ha presentado que esté más allá de la resistencia humana y que no se ajuste ni adapte ni pertenezca a la experiencia humana, ni sea tal que un hombre no pueda resistirla]; y fiel es Dios [a Su Palabra y Su naturaleza compasiva], [y podemos confiar en que él] no permitirá que vosotros seáis tentados más allá de lo que podéis soportar, sino que [siempre] con la tentación proveerá también la vía de escape (una forma de huir a un lugar seguro), a fin de que podáis resistirla.*

1 Corintios 10:13

Espero que veas en este ejemplo en forma de parábola de cómo Satanás se aprovecha de nuestras circunstancias y edifica fortalezas en nuestras vidas; cómo libra la guerra en el campo de batalla de la mente. Pero, gracias a Dios, tenemos armas para echar abajo las fortalezas. Dios no nos abandona ni nos deja indefensos. En 1 Corintios, Dios nos promete que no permitirá que seamos tentados más allá de lo que podamos soportar, sino que con cada tentación también proporcionará una vía de escape, la huida.

Cualquiera de nosotros pudiera ser María o Juan. Estoy segura de que la mayoría de nosotros encuentra familiar algo de la escena. Sus problemas son internos; radican en sus pensamientos y actitudes. Su conducta exterior es únicamente el resultado de su vida interior. Satanás sabe muy bien que si puede controlar nuestros pensamientos, pueda controlar nuestros actos también.

Puedes tener algunas fortalezas grandes en tu vida que necesitas derrumbar. Permíteme alentarte diciéndote: "Dios está de tu lado". La guerra está en su apogeo, y nuestra mente es el campo de batalla. Pero la buena noticia es que Dios está peleando en nuestro bando.

# 2

# Una necesidad vital

*Pues como piensa dentro de sí, así es...*

Proverbios 23:7

Esta sola Escritura nos hace saber cuán importante es que pensemos correctamente. Los pensamientos son poderosos, y de acuerdo al agiógrafo[1] del libro de los Proverbios, tienen capacidad creadora. Si nuestras ideas han de afectar lo que lleguemos a ser, entonces ciertamente tiene que ser una prioridad que tengamos pensamientos correctos.

Deseo imprimir en ti la absoluta necesidad de que nuestros pensamientos concuerden con la Palabra de Dios.

*No podemos tener una vida positiva y una mente negativa.*

## La mente de la carne versus la mente del Espíritu

*Porque los que viven conforme a la carne [y están dominados por sus deseos impíos], ponen la mente en las cosas de la carne [y procuran las cosas que*

---

1. Nota de la traductora: El amanuense de la Biblia, que no escribe lo que tiene en su imaginación, sino lo que le inspira Dios.

*gratifican la carne], pero los que viven conforme al Espíritu [y están controlados por los deseos del Espíritu, ponen sus mentes] en las cosas [y procuran aquellas cosas que gratifican] al Espíritu [Santo].*

Romanos 8:5

En la *Versión Reina Valera* Romanos 8 nos enseña que si nos importan las cosas de la carne, andaremos en la carne; pero si nos importan las del Espíritu, andaremos en el Espíritu.

En otras palabras: Si pensamos en cosas carnales, pensamientos incorrectos y negativos, no podemos andar en el Espíritu. Parece que si somos renovados, es vital que pensemos como Dios para que llevemos con éxito la vida cristiana.

Hay veces que los humanos somos perezosos con respecto a algo, si no nos percatamos de cuán importante es que le prestemos atención. Pero cuando nos damos cuenta de que es un asunto que nos causará graves problemas si lo dejamos seguir su curso, entonces nos ponemos en marcha y nos hacemos cargo de eso, porque hemos comprendido que es muy importante.

Digamos, por ejemplo, que el banco llama y te dice que tu cuenta está sobregirada en $850.00. Inmediatamente buscas dónde está el problema. Y en la búsqueda descubres que dejaste de hacer un depósito que dabas por hecho. Corres al banco enseguida con el depósito, para no tener más problemas.

Me gustaría que consideraras este asunto de renovar la mente en la misma forma.

Tu vida puede ser un caos a causa de los años de pensar mal. Si es así, es importante que te convenzas de que *tu vida no se enderezará hasta que tu mente lo haga.* Debieras considerar esta área una de *necesidad vital.* Toma en serio lo de echar abajo las fortalezas que Satanás ha edificado en tu mente. Utiliza tus armas de la Palabra, alaba y ora.

## Por el Espíritu

*"No por el poder ni por la fuerza, sino por mi
Espíritu" ...dice el Señor de los ejércitos.*

Zacarías 4:6

Una de las mejores ayudas para liberarse es pedirle a Dios mucha ayuda; y pedírsela a menudo.

Una de nuestras armas es la oración (pedir). No se puede vencer nuestra situación con la sola determinación. Sí que hace falta ser determinado, pero determinado en el Espíritu Santo, no en el esfuerzo de nuestra propia carne. El Espíritu Santo es nuestro ayudador; busquemos Su ayuda. Apoyémonos en Él. No se puede hacer eso por uno mismo.

## Una necesidad vital

Para el creyente pensar bien es una necesidad vital. Una necesidad vital es algo tan importante que uno sencillamente no puede vivir sin eso; tal como son el latido del corazón o la presión sanguínea. Estas son cosas sin las cuales no hay vida.

El Señor imprimió esta verdad en mí hace años en lo que toca al compañerismo personal con Él en la oración y la Palabra. Yo pasaba por un mal rato disciplinándome a hacer estas cosas hasta que Dios me mostró que eran una necesidad vital. Tal como mi vida física depende de mis signos vitales, así la espiritual depende de pasar un tiempo regular y devoto con Dios. Una vez que aprendí que el compañerismo con Él era vital, le di prioridad en mi vida.

Del mismo modo, una vez que comprendí que pensar como es debido es vital para vivir en victoria, me tomé más en serio vigilar lo que estaba pensando, y escoger mis pensamientos con cuidado.

## Tal como piensas, así eres

*O haced bueno el árbol (saludable y beneficioso) y bueno su fruto (saludable y beneficioso), o haced malo el árbol (enfermo y perjudicial) y malo su fruto (enfermo y perjudicial); porque por el fruto se conoce (y reconoce y juzga) el árbol.*

Mateo 12:33

La Biblia dice que un árbol se conoce por su fruto.

Lo mismo es verdad con nuestras vidas. Los pensamientos llevan fruto. Piensa en cosas buenas, y el fruto de tu vida será bueno. Piensa en cosas malas, y el fruto de tu vida será malo.

En realidad, uno puede observar la actitud de una persona y saber qué clase de ideas prevalecen en su vida. Una persona dulce y buena no tiene ideas mezquinas y vengativas. De igual manera, una persona mala de veras, no tiene pensamientos buenos y amorosos.

Recuerda Proverbios 23.7 y permite que tenga un impacto en tu vida: porque como pienses en tu corazón, así eres tú.

# 3

# ¡No darse por vencido!

*Y no nos cansemos de hacer el bien, pues a su
tiempo, si no nos cansamos, segaremos.*

Gálatas 6:9

No importa cuán mala sea la condición de tu vida y tu mente
¡no te des por vencido! Reconquista el terreno que el diablo
te haya robado. Si hace falta, recupéralo pulgada por pulgada,
siempre apoyándote en la gracia de Dios y no en tu propia
capacidad para obtener los resultados deseados.

En Gálatas 6:9 el apóstol Pablo simplemente nos alienta ¡a
seguir esforzándonos! ¡A no abandonar el campo! No tenga
ese viejo espíritu de "derrota". Dios está buscando gente que
sigan con Él hasta el final.

## Seguir adelante

*Cuando pases por las aguas, yo estaré contigo, y si
por los ríos, no te anegarán; cuando pases por el
fuego, no te quemarás, ni la llama te abrasará.*

Isaías 43:2

Cualquier cosa que estés enfrentando o experimentando ahora mismo en tu vida, ¡te animo a seguir adelante y no rendirte!

Habacuc 3:19 dice que el modo de desarrollar pies de ciervo (que puede escalar montañas con rapidez) es caminar —no paralizarse de terror— ¡sino andar y hacer progresos (espirituales) en las alturas (de problemas, sufrimiento o responsabilidad)!

La forma en que Dios nos ayuda a hacer progresos espirituales es estando a nuestro lado para fortalecernos y alentarnos a "seguir esforzándonos por perseverar" en los tiempos difíciles.

Es fácil rendirse; se requiere fe para seguir adelante.

## ¡La decisión es tuya!

*Al cielo y a la tierra pongo hoy por testigos contra vosotros de que he puesto ante ti la vida y la muerte, la bendición y la maldición. Escoge, pues, la vida para que vivas, tú y tu descendencia.*

Deuteronomio 30:19

Cada día se nos presentan miles y miles de pensamientos. La mente tiene que ser renovada para que siga al Espíritu y no a la carne. Nuestra mente carnal (mundana) ha tenido tanta práctica en operar por su cuenta, que está claro que no tenemos que esforzarnos para tener malos pensamientos.

Por otro lado, tenemos que escoger deliberadamente pensar buenos pensamientos. Después que hayamos decidido tener mentes parecidas a la de Dios, necesitaremos *escoger* y *seguir escogiendo* pensamientos correctos.

Cuando empezamos a sentir que la batalla de la mente es demasiado difícil y que no podremos vencer, tenemos que ser capaces de echar fuera esa clase de pensamientos y ¡*decidir* pensar que sí vamos a vencer! No sólo tenemos que escoger pensar que venceremos, sino que tenemos que decidir no rendirnos. Bombardeados con dudas y temores, tenemos que plantarnos y decir: "¡Jamás me rendiré! Dios está de mi parte, Él me ama ¡y me está ayudando!"

Tú y yo tendremos muchas decisiones que hacer a lo largo de nuestras vidas. En Deuteronomio 30:19 el Señor le dijo a Su pueblo que Él había puesto ante ellos la vida y la muerte y los apremió a *escoger* la vida. Y en Proverbios 18:21 se nos dice: *La muerte y la vida están en poder de la lengua, y los que la aman comerán su fruto.* Nuestros pensamientos se vuelven nuestras palabras. Por consiguiente, es vitalmente importante que *escojamos* los pensamientos que generan la vida. Cuando lo hagamos, pronunciremos las palabras correctas.

## ¡No rendirse!

Cuando la batalla parece no tener fin y pensamos que no triunfaremos, recordemos que estamos reprogramando una mente muy carnal y mundana, para que piense como Dios.

¿Imposible? *¡No!*

¿Difícil? *¡Sí!*

Pero, hay que pensar que tenemos a Dios en nuestro equipo. Yo creo que Él es el mejor "programador de computadoras" de los alrededores. (Nuestra mente es como una computadora que ha estado toda la vida programada con basura.) Dios está obrando incluso en ti; al menos, lo está si tú lo has invitado a controlar tus pensamientos. Está reprogramando tu mente. Sólo tienes que seguir cooperando con Él; y *¡no darte por vencido!*

Definitivamente eso tomará tiempo, y no será siempre fácil, pero andarás en la dirección debida si escoges la forma de pensar de Dios. De todas formas siempre estás haciendo algo, así que es mejor que vayas hacia delante y no que sigas chapoteando en el mismo fangal por el resto de tu vida.

## ¡Volveos y... tomad posesión!

*El Señor nuestro Dios nos habló en Horeb, diciendo:*
*"Bastante habéis permanecido en este monte.*

*"Volveos, partid e id a la región montañosa de los amorreos (...) "Mirad, he puesto la tierra delante de vosotros; entrad y tomad posesión de la tierra que el Señor juró dar a vuestros padres Abraham, Isaac y Jacob, a ellos y a su descendencia después de ellos".*

Deuteronomio 1:6,8

En Deuteronomio 1:2 Moisés destaca ante los israelitas el hecho de que había sólo 11 días de viaje desde Horeb hasta la frontera de Canaán (la Tierra Prometida), y sin embargo a ellos les tomó cuarenta años llegar allí. Entonces, en el versículo 6, les dice: "Bastante habéis permanecido en este monte".

¿Has pasado bastante tiempo en el mismo monte? ¿Te ha demorado 40 años hacer un viaje de 11 días?

En mi propia vida, al fin tuve que despertar y comprender que no estaba yendo a ninguna parte. *Yo era una cristiana sin victoria.* Al igual que María y Juan tenía muchos patrones mentales equivocados y muchas fortalezas mentales que habían sido edificadas a lo largo de años y años. El diablo me había mentido, y yo lo había creído. Por lo tanto, había estado viviendo engañada.

Había permanecido en el mismo monte durante bastante tiempo. Había desperdiciado cuarenta años haciendo un viaje que pudo haber sido mucho más corto si yo hubiera conocido la verdad de la Palabra de Dios.

Dios me mostró que los israelitas habían permanecido en el desierto porque tenían una "mentalidad de desierto"; ciertos tipos de pensamientos equivocados que les habían mantenido en atadura. Trataremos de este tema en un capítulo posterior, pero por ahora, permíteme urgirte para que tomes la estupenda decisión de renovar tu mente y aprender a escoger tus pensamientos con mucho cuidado. Decídete a no renunciar ni darte por vencido hasta que la victoria no sea completa y hayas tomado posesión de la herencia que te corresponde.

# 4

## *Poco a poco*

*Y el Señor tu Dios echará estas naciones de delante
de ti poco a poco; no podrás acabar con ellas rápidamente, no sea que las bestias del campo lleguen a
ser demasiado numerosas para ti.*

Deuteronomio 7:22

La renovación de tu mente tendrá lugar *poco a poco,* así
que no te desalientes si el progreso parece muy lento.

Justamente antes de que entraran a la Tierra Prometida, el
Señor les dijo a los israelitas que Él echaría a sus enemigos
de delante de ellos poco a poco, no fuera a ser que "las bestias
del campo" llegaran a ser demasiado numerosas para ellos.

Creo que el orgullo es la "bestia" que nos consumirá si
recibimos demasiada libertad demasiado rápido. En realidad
es mejor ser liberado de una zona primero y otra después. De
ese modo podemos apreciar más nuestra libertad; comprend-
demos que es verdaderamente un don de Dios y no algo que
nosotros hacemos por nuestros propios esfuerzos.

### El sufrimiento precede a la liberación

*Y después que hayáis sufrido un poco de tiempo, el
Dios de toda gracia, que os llamó a Su gloria eterna*

31

*en Cristo, Él mismo os perfeccionará, afirmará, for-*
*talecerá y establecerá.*

1 Pedro 5:10

¿Por qué necesitamos "sufrir un poco de tiempo"? Creo que desde el momento en que nos percatamos de que tenemos un problema hasta que Jesús nos libera, soportamos un tipo de sufrimiento, pero nos regocijamos todavía más cuando llega la liberación. Cuando tratamos de hacer algo por nosotros mismos, fracasamos y entonces nos damos cuenta de que tenemos que esperar en Él y nuestros corazones desbordan agradecimiento y alabanza cuando Él se levanta y hace lo que no podemos hacer nosotros.

## No condenación

*Por consiguiente, no hay ahora condenación para los*
*que están en Cristo Jesús, los que no andan conforme*
*a la carne, sino conforme al Espíritu.*

Romanos 8:1

No sientas condenación cuando tienes retrocesos o días malos. Levántate de nuevo, sacúdete el polvo y empieza otra vez. Cuando un bebé está aprendiendo a caminar, se cae muchas, muchas veces antes de que disfrute de confianza al andar. Sin embargo, algo en favor del bebé es el hecho de que, aunque pueda llorar un poco después de caerse, siempre se levanta de nuevo y lo intenta otra vez.

El diablo tratará con todas sus fuerzas de impedir que avances en esto de renovar tu mente. Él sabe que su control sobre ti terminará una vez que hayas aprendido a escoger pensamientos correctos y a rechazar los equivocados. Intentará detenerte mediante el desaliento y la condenación.

Cuando la condenación, se cierna sobre ti, usa tu "arma de la Palabra". Cita Romanos 8:1, recordándole a Satanás y a ti mismo que tú no andas conforme a la carne sino conforme al Espíritu. Andar conforme a la carne es depender de uno mismo; andar conforme al Espíritu es depender de Dios. Cuando tú falles (y fallarás), eso no significa que seas un fracasado. Sencillamente significa que no lo haces todo bien. Todos tenemos que aceptar el hecho de que junto con nuestros puntos fuertes también tenemos flaquezas. Sólo deja que Cristo sea fuerte en tus debilidades; deja que Él sea tu fortaleza en tus días de debilidad.

Repito: *No aceptes condenación.* Tu victoria total llegará, pero tomará tiempo porque vendrá "poco a poco".

## No te desalientes

*¿Por qué te abates, alma mía, y por qué te turbas dentro de mí? Espera en Dios, pues he de alabarle otra vez por la salvación de Su presencia.*

Salmo 42:5

El desaliento destruye la esperanza, así que es natural que el demonio siempre trate de desanimarnos. Sin esperanza nos damos por vencidos, que es lo que el diablo quiere que hagamos. La Biblia nos repite que no nos desalentemos ni desmayemos. Dios sabe que no alcanzaremos la victoria si nos desanimamos, así que Él siempre nos exhorta en cuanto iniciamos un proyecto diciéndonos: "No te desalientes". Dios quiere que estemos animosos, no desanimados.

Cuando el desaliento o la condenación trate de vencerte, examina tu vida interior, tus pensamientos. ¿A qué clase de pensamientos le das vueltas en tu mente? ¿Se parecen a estos?

"No lo lograré; es demasiado difícil. Yo siempre fracaso, siempre ha sido lo mismo, nada cambia nunca. Estoy seguro de que otra gente no tiene tantos problemas para renovar su mente. Mejor me doy por vencido. Estoy cansado de intentarlo. Oro, pero parece que Dios no me escucha. Probablemente no contesta mis oraciones porque está muy desilusionado por la forma en que actúo".

Si este ejemplo representa tus pensamientos, no es raro que te desalientes o te sientas condenado. Recuerda, te conviertes en lo que piensas. Dale vueltas a pensamientos desalentadores, y te desanimarás. Deja que te invadan pensamientos condenatorios, y te sentirás culpable. ¡Cambia tus pensamientos y libérate!

En lugar de pensar negativamente, piensa así:

Bueno, las cosas van despacio; pero, gracias a Dios, voy progresando. Estoy muy contento de ir por el buen camino, que me llevará a la liberación. Ayer tuve un día difícil. Escogí pensamientos equivocados todo el día. Padre, perdóname, y ayúdame a 'seguir perseverando'. Cometí un error, pero al menos es un error que no cometeré de nuevo. Este es un nuevo día. Tú me amas, Señor. Tu misericordia es nueva cada mañana. "Me niego a desanimarme. Me niego a sentirme culpable. Padre, la Biblia dice que Tú no me condenas. Tú enviaste a Jesús a morir por mí. Me irá bien; hoy será un gran día. Hoy Tú me ayudas a escoger pensamientos correctos.

Estoy segura de que ya puedes sentir la victoria con esta forma de pensar positiva, alegre, de Dios.

Nos gustan las cosas instantáneas. Tenemos el fruto de la paciencia dentro, pero se está abriendo camino hacia el exterior. Algunas veces Dios se toma Su tiempo para liberarnos por completo. Él emplea el período difícil de la espera para estirar nuestra fe y permitir que la paciencia obre su perfecto resultado (Santiago 1:4). El tiempo de Dios es perfecto. Él nunca se retrasa.

He aquí otro buen pensamiento que acariciar: "Yo le creo a Dios. Creo que está obrando en mí sin importar cómo pueda yo sentirme o cómo luzca la situación. El Señor ha empezado la buena obra en mí, y Él la terminará por completo" (Filipenses 2:13; 1:6.).

Esta es la manera en que puedes usar con efectividad tu arma de la Palabra para echar abajo las fortalezas. Te recomiendo que no sólo pienses bien a propósito, sino que vayas más allá y lo confieses en voz alta.

Recuerda, Dios te está liberando, *poco a poco,* así que no te desanimes y no te sientas culpable si cometes un error.

*Ten paciencia contigo.*

# 5

## Sea positivo

*...así como has creído, te sea hecho...*

Mateo 8:13

Mentes positivas producen vidas positivas. Mentes negativas producen vidas negativas. Los pensamientos positivos (optimistas) están siempre llenos de fe y de esperanza. Los pensamientos negativos (pesimistas) están siempre llenos de temor y de dudas.

Algunas personas temen albergar esperanzas porque han sido muy lastimadas en la vida. Han tenido tantos desengaños, que no piensan que puedan enfrentar el dolor de otro más. Por lo tanto, se niegan a albergar esperanzas para no sufrir otro desengaño.

Esta abstinencia de la esperanza es una forma de protección contra la posibilidad de ser herido. ¡El desengaño duele! Así que para que no las hieran de nuevo, muchas personas simplemente rehúsan esperar o creer que algo bueno puede alguna vez sucederles. Este tipo de conducta establece un modo de vida negativo. Todo se vuelve negativo porque los pensamientos son pesimistas. Recuerda Proverbios 23:7, *Porque cual es su pensamiento en su corazón, tal es él...*

Hace muchos años, yo era sumamente pesimista. Siempre decía que si llegaba a tener dos ideas positivas seguidas, mi mente sufriría un calambre. Toda mi filosofía era esta: "Si no esperas que suceda nada bueno, no te sentirás desengañado cuando no tenga lugar".

Había pasado por tantos desengaños en mi vida; tantas cosas devastadoras me habían sucedido; que tenía miedo de creer que algo bueno pudiera ocurrirme. Tenía una visión terriblemente pesimista de todo. Puesto que mis pensamientos eran todos negativos, así era mi boca; por consiguiente, así era mi vida.

Cuando empecé de veras a estudiar la Palabra y a confiar en que Dios me restaurara, una de las primeras cosas de las que me di cuenta era de que el pesimismo tenía que desaparecer.

En Mateo 8:13 Jesús afirma que nos será hecho conforme hemos creído. La Versión Reina Valera, dice: *...así como has creído, te sea hecho....* Todo lo que yo creía era negativo, así que naturalmente, muchas cosas negativas me sucedían.

Eso no significa que tú y yo podamos conseguir cualquier cosa que deseemos con sólo pensar en ello. Dios tiene un plan perfecto para cada uno de nosotros, y no podemos controlarlo con nuestros pensamientos y palabras. Pero, tenemos que pensar y hablar de acuerdo con Su voluntad y plan para nosotros.

Si no tienes una idea de cual sea la voluntad de Dios para ti en este punto, al menos empieza por pensar: "Bueno, no conozco el plan de Dios, pero sé que Él me ama. Cualquier cosa que Él haga será buena, y yo seré bendecido".

Comienza a pensar positivamente acerca de tu vida.

Practica ser optimista en cada situación que surja. Aun, cuando lo que está sucediendo en tu vida en el momento no sea muy bueno, espera que Dios traiga algo bueno de eso, tal como lo ha prometido en Su Palabra.

## Todo obra para bien

*Y sabemos que para los que aman a Dios, todas las cosas cooperan para bien, esto es, para los que son llamados conforme a Su propósito.*

Romanos 8:28

Esta Escritura no dice que todas las cosas *son* buenas, sino que todas las cosas *obran juntas para bien.*

Digamos que estás planeando ir de compras. Entras en el auto y no arranca. Hay dos formas de mirar esta situación. Puedes decir: "¡Lo sabía! No falla. Cada vez que quiero hacer algo, sale mal. Ya me imaginaba que este viaje de compras se echaría a perder; mis planes siempre se frustran". O puedes decir: "Bueno, yo quería ir de compras, pero parece que no podré ir ahora mismo. Iré más tarde, cuando el auto esté arreglado. Entre tanto, creo que este cambio de planes va a redundar en mi beneficio. Probablemente hay alguna razón por la que necesitaba quedarme en casa hoy, así que lo voy a disfrutar".

En Romanos 12:16 el apóstol Pablo nos aconseja que nos adaptemos unos con otros y con las cosas. La idea es que aprendamos a ser la clase de persona que hace planes, pero que no se desconcierta si el plan no sale bien.

Hace poco tuve una oportunidad excelente para practicar este principio. Dave y yo estábamos en Lake Worth, Florida. Habíamos estado ministrando allí durante tres días, y estábamos empacando y alistándonos para ir al aeropuerto con rumbo a casa. Había planeado usar pantalones largos y una blusa con zapatos sin tacón, para andar cómoda durante el viaje de regreso.

Empecé a vestirme, pero no pude encontrar mis pantalones largos. Miramos por todas partes y al final los encontramos en el fondo del armario. Se habían escurrido del perchero y estaban terriblemente arrugados. Viajamos con una plancha portátil, así que intenté planchar las arrugas. Me puse el conjunto y vi que no lucía bien. No tenía otra opción que usar vestido y tacones altos.

Ya empezaba a incomodarme con la situación. ¿Ves? Cuando uno no consigue lo que pretende, las emociones se encienden y tratan de que sintamos autocompasión y una actitud negativa. Inmediatamente me percaté de que tenía que tomar una decisión: Podía estar irritable porque las cosas no habían salido como yo las quería, o podía ajustarme a la situación y seguir adelante y disfrutar del viaje de regreso a casa.

Aun a las personas realmente optimistas las cosas no le salen como quieren todo el tiempo. Pero la persona positiva puede seguir adelante y decidir disfrutar sin importar lo que suceda. La persona pesimista jamás disfruta de nada.

No es divertido estar con una persona negativa. Trae una nube de pesimismo sobre todo proyecto. Hay como una "pesadez" a su alrededor. Se queja constantemente, murmura de todo y encuentra faltas por dondequiera. No importa cuantas cosas buenas tenga a su alrededor, siempre parece detectar la única que pudiera llegar a ser un problema.

En mi época de extremo pesimismo, yo podía entrar en la casa recién decorada de alguien, y en vez de ver y comentar sobre todo el conjunto agradable, podía detectar una esquina en que el papel de pared se había despegado o un tiznón en la ventana. ¡Me alegro tanto de que Jesús me haya liberado para disfrutar de las cosas buenas de la vida! Soy libre para pensar que con fe y esperanza en Él, las cosas malas pueden volverse buenas.

Si eres una persona pesimista, *no te sientas culpable*. La condenación es negativa. Te cuento estas cosas para que puedas reconocer tu problema de ser pesimista y empieces a confiar en que Dios te restaura, no para que te vuelvas negativo acerca de tu pesimismo.

La senda hacia la liberación empieza cuando enfrentamos el problema sin dar excusas por él. Estoy segura de que si eres una persona pesimista, tienes una razón para ello; siempre la hay. Pero recuerda, como cristiano, de acuerdo con la Biblia, ahora eres una nueva persona.

## ¡Un nuevo día!

*De modo que si alguno está [injertado] en Cristo (el Mesías), nueva criatura es (una criatura íntegramente nueva); las cosas viejas [moral y condición espiritual anteriores] pasaron; he aquí, todas son hechas nuevas.*

2 Corintios 5:17

Como "nueva creación" no tienes que permitir que las cosas viejas que te sucedieron sigan afectando tu nueva vida en Cristo. Eres una nueva criatura con una nueva vida en Cristo. Puedes renovar tu mente de acuerdo con la Palabra de Dios. Cosas buenas te sucederán en adelante.

¡Regocíjate! ¡Es un nuevo día!

## La obra del Espíritu Santo

*Pero os digo la verdad: os conviene (es bueno y ventajoso) que me vaya; porque si no me voy, el Consolador (Consejero, Ayudador, Abogado, Intercesor, Fortalecedor, Partidario) no vendrá a vosotros [en íntima hermandad con ustedes]; pero si me voy, os lo enviaré [para que esté en íntima hermandad con ustedes]. Y cuando Él venga, convencerá al mundo de pecado, de justicia (rectitud de corazón y relación correcta con Dios), y de juicio.*

Juan 16:7-8

La parte más difícil de ser liberado del pesimismo es enfrentar la verdad y decir: "Soy una persona negativa, y quiero cambiar. No puedo cambiar por mí mismo, pero creo Dios me cambiará al confiar en Él. Sé que tomará tiempo, y no me desanimaré conmigo mismo. *Dios ha comenzado una buena obra en mí, y Él puede proseguirla hasta que quede completa*" (Filipenses 1:6).

Pídele al Espíritu Santo que te regañe cada vez que empieces a ponerte pesimista. Eso es parte de Su trabajo. Juan 16:7-8 nos enseña que el Espíritu Santo nos dará convicción de pecado y nos convencerá de justicia. Cuando llegue la convicción, pídele a Dios que te ayude. No pienses que puedes arreglártelas solo. Apóyate en Él.

Aunque yo era en extremo negativa, Dios me hizo saber que si yo confiaba en Él, Él me volvería muy optimista. Me

41

estaba resultando muy difícil mantener mi mente en un patrón positivo. En cambio, ahora no puedo soportar el pesimismo. Es igual que cuando una persona fuma. Muchas veces, un fumador que ha dejado el vicio no tolera el cigarrillo. Yo soy así. Durante muchos años fumé, pero después que lo dejé, no podía siquiera soportar oler el humo.

Es igual con una persona negativa. Yo era muy pesimista. Ahora no soporto el negativismo; para mí es casi ofensivo. Me imagino que he visto tantos cambios buenos en mi vida desde que fui liberada de una mente pesimista, que ahora me opongo a cualquier cosa negativa.

Yo me enfrento a la realidad, y te exhorto a que hagas lo mismo. Si estás enfermo no digas: "No estoy enfermo", porque no es verdad; pero puedes decir: "Creo que Dios me está sanando". No tienes que decir: "Probablemente empeore y termine en el hospital"; en vez de eso, puedes decir: "El poder sanador de Dios está obrando en mí ahora mismo; creo que me pondré bien".

Todo tiene que ser equilibrado. Eso no significa que metas algo de negativismo en tu optimismo, pero sí quiere decir que tengas la "mente alerta" para tratar con cualquier cosa que te suceda, tanto si es positiva como negativa.

## Una mente alerta

*Estos eran más nobles que los de Tesalónica, pues recibieron la palabra con toda solicitud, escudriñando diariamente las Escrituras, para ver si estas cosas eran así.*

Hechos 17:11

La Biblia dice que tenemos que tener la mente alerta. Eso significa que debemos tener mentes abiertas a la voluntad de Dios para nosotros, no importa lo que esto pueda ser.

Por ejemplo, recientemente una joven dama a quien conozco sufrió el dolor de que se rompiera su compromiso. Ella y el joven estaban orando para saber si el Señor aprobaba que siguieran saliendo juntos, aunque habían decidido no casarse por el momento. La joven deseaba que la relación continuara y estaba pensando, esperando y creyendo que su antiguo novio la llamaría y sentiría lo mismo.

Le aconsejé que tuviera la "mente alerta" en caso de que las cosas no salieran como ella quería. Ella contestó: "Bueno, ¿eso no es ser pesimista?"

*¡No, no lo es!*

Pesimismo hubiera sido pensar: "Mi vida acabó; nadie más me querrá. He fracasado ¡y ahora seré infeliz para siempre!"

Ser positiva hubiese sido decir: "Estoy triste de veras por esto que ha sucedido, pero confiaré en Dios. Espero que mi novio y yo podamos todavía seguir saliendo juntos. Voy a pedir que nuestra relación sea restaurada y creer que lo será; pero por encima de todo, deseo la perfecta voluntad de Dios. Si las cosas no terminan como las quisiera, *sobreviviré,* porque Jesús vive en mí. Puede que sea duro por un tiempo, pero confío en el Señor. Creo que al final todo obrará para lo mejor".

Eso es enfrentar los hechos, con una mente alerta y ser positivo todavía.

*Eso es equilibrio.*

## La fuerza de la esperanza

*Él [Abraham] creyó [cuando la razón humana había perdido la] esperanza contra esperanza, a fin de llegar a ser padre de muchas naciones, conforme a lo que se le había dicho: "Así [innumerable] será tu descendencia. Y sin debilitarse en la fe contempló [la suma impotencia de] su propio cuerpo, que ya estaba como muerto puesto que tenía como cien años, y [cuando consideró] la esterilidad de la matriz [mortecina] de Sara; sin embargo, respecto a la promesa de Dios, Abraham no titubeó con incredulidad (preguntándose dudoso), sino que se fortaleció en fe, dando gloria a Dios.*

Romanos 4:18-20

Dave y yo creemos que nuestro ministerio en el cuerpo de Cristo crecerá cada año. Siempre deseamos ayudar a más personas. Pero también comprendemos que si Dios tiene un plan diferente y terminamos el año sin crecimiento (todo igual que cuando empezamos) no podemos dejar que esa situación se sobreponga a nuestro gozo.

Nosotros creemos *muchas* cosas, pero más allá de todas ellas, creemos *en* Alguien. Ese Alguien es Jesús. No siempre sabemos lo que sucederá. ¡Sólo sabemos que siempre obrará para bien!

Mientras más optimistas seamos tú y yo, más estaremos en la corriente de Dios. Él es ciertamente muy positivo, y para fluir con Dios, también tenemos que ser optimistas.

Puede que tu situación sea realmente muy adversa. Puedes estar pensando: "Joyce, si conocieras mi situación, no esperarías que fuera positivo".

Te exhorto a releer Romanos 4:18-20, en el cual se nos cuenta que Abraham, después de sopesar su situación (él no ignoraba los hechos), consideró (recapitulando brevemente) la suma impotencia de su propio cuerpo y la esterilidad de la matriz muerta de Sara. Aunque la razón humana no permitía albergar esperanzas, él esperó en fe.

*¡Abraham fue muy optimista con respecto a una situación muy negativa!*

Hebreos 6:19 nos dice que la esperanza es el ancla del alma. La esperanza es la fuerza que nos mantiene estables en un momento de prueba. Jamás dejes de tener esperanza. Si lo haces, llevarás una vida infeliz. Si ya estás llevando una vida desgraciada porque no tienes esperanza, empieza a tenerla. No sientas miedo. No puedo prometerte que nunca te desilusionarás. Pero, aun cuando surjan desengaños, si llegan, puedes esperar y ser optimista. Ponte en el plano donde Dios obra milagros.

Espera un milagro en tu vida.

¡Espera cosas buenas!

## ¡Espera para recibir! ¡Para recibir, espera!

*Por tanto, el Señor [ansioso] espera [aguarda, anhela] para tener piedad de vosotros, y por eso se levantará para tener compasión de vosotros. Porque el Señor es un Dios de justicia; ¡cuán bienaventurados (felices, afortunados, dignos de envidia) son todos los que en Él esperan! [por Su victoria, Su favor, Su amor, Su paz, Su gozo y Su sin par e insuperable compañerismo]!*

Isaías 30:18

Este pasaje se ha vuelto una de mis Escrituras favoritas. Si meditas sobre ella, te traerá gran esperanza. En ésta, Dios nos dice que Él está buscando a alguien con quien ser misericordioso (bueno), pero no puede ser alguien con una actitud agria y una mente pesimista. Tiene que ser una persona que esté esperando (buscando y anhelando que Dios sea bueno con ella).

## Malos presagios

¿Qué son "malos presagios"?

Poco después que empecé a estudiar la Palabra de Dios, estaba peinándome una mañana en el baño cuando me percaté de que en la atmósfera que me rodeaba había una vaga sensación de amenaza de que algo malo iba a suceder. Me di cuenta de que en realidad yo había percibido esta sensación la mayor parte del tiempo.

Le pregunté al Señor: "¿Qué es esta sensación que siempre tengo?"

Y Él contestó: "Malos presagios".

Yo no sabía lo que significaba, ni había oído nunca nada de eso. Poco después, encontré en Proverbios 15:15 la frase: *Todos los días del afligido son malos [por los pensamientos ansiosos y los presagios], pero el de corazón alegre tiene un banquete continuo [sin tener en cuenta las circunstancias].*

Comprendí en aquel momento que la mayor parte de mi vida había sido infeliz a causa de los malos pensamientos y presagios. Sí, yo había pasado por circunstancias que fueron muy difíciles, pero cuando no estaba pasando por una de ellas, todavía era desgraciada porque mis pensamientos estaban envenenando mi perspectiva y robándome mi capacidad de disfrutar la vida y ver los días buenos.

## ¡Guarda tu lengua del mal!

*Pues el que quiere amar la vida y ver días buenos, refrene su lengua del mal, y sus labios no hablen engaño.*

1 Pedro 3:10

Este versículo muy claro nos dice que disfrutar la vida y ver días buenos está muy vinculado a una mente y boca positivas.

No importa cuán pesimista tú seas o por cuanto tiempo lo hayas sido, sé que puedes cambiar si lo decides porque yo lo hice. Tomó su tiempo y "dosis masivas" del Espíritu Santo, pero valió la pena.

Para ti también valdrá la pena.

Lo que quiera que suceda, confía en el Señor...¡y sé optimista!

# 6

# Espíritus que atan la mente

*Por nada estéis afanosos; antes bien, en todo, me-
diante oración y súplica con acción de gracias, sean
dadas a conocer vuestras peticiones delante de
Dios.Y la paz de Dios, que sobrepasa todo entendimiento, guardará vuestros corazones y vuestras mentes en Cristo Jesús.*

Filipenses 4:6-7

En mi andar con Dios, una vez alcancé un punto que me era
muy difícil creer ciertas cosas que previamente había creído.
No entendía qué era lo que andaba mal en mí, y como
resultado, me confundí. Mientras más tiempo se prolongaba
aquello, más confusa estaba. La incredulidad parecía crecer a
saltos y rebotes. Empecé a cuestionarme mi llamado; pensé
que estaba perdiendo la visión que Dios me había dado para
mi ministerio. Me sentía desgraciada (la incredulidad siempre
produce infelicidad).

Entonces, durante dos días seguidos, escuché esta frase
viniendo de mi espíritu: *"Espíritus que atan la mente"*.

Yo sabía por todas las personas a quienes había ministrado,
que muchísimos creyentes tienen problemas con su mente.

Pensé que el Espíritu Santo me estaba guiando a orar por el cuerpo de Cristo contra un espíritu llamado "Atador de la mente". Así que empecé a orar y me enfrenté en el nombre de Jesús a los espíritus que ataban la mente. Tras orar un par de minutos, sentí una tremenda liberación en mi propia mente. Fue algo espectacular.

## Liberada de los espíritus que atan la mente

Casi toda liberación que Dios me ha traído, ha sido progresiva y ha tenido lugar creyendo y confesando la Palabra de Dios. Juan 8:31-32 y el Salmo 107:20 son mi testimonio: En Juan 8:31-32 Jesús dice: ...*Si vosotros permanecéis* (perseveráis) *en Mi Palabra, verdaderamente sois Mis discípulos; y conoceréis la verdad, y la verdad os hará libres.* En el Salmo 107:20 dice el Señor: *Él envió Su Palabra y los sanó, y los libró de la muerte.*

Pero esta vez sentí y supe inmediatamente que algo había sucedido en mi mente. En pocos minutos fui capaz de creer otra vez en aspectos con los cuales había estado forcejeando sólo unos instantes antes de empezar a orar.

Pondré un ejemplo. Antes de ser atacada por los demonios que atan la mente, yo creía, de acuerdo con la Palabra de Dios, que el hecho de que yo fuera una mujer de Fenton, Missouri, a quien nadie conocía, no tendría importancia alguna en mi vida o ministerio (Gálatas 3:28). Cuando Dios estuviera listo, *Él* abriría las puertas que nadie podría cerrar (Apocalipsis 3:8), y yo predicaría por todo el mundo los mensajes liberadores y prácticos que Él me daría.

Yo creía que tendría el privilegio de predicar el Evangelio a través de toda la nación por radio (no por mí, sino a pesar de mí). Sabía que, de acuerdo con la Escritura, Dios escoge lo débil y lo necio para avergonzar a los sabios (1 Corintios 1:27). Yo creía que el Señor me usaría para sanar a los enfermos. Creía que nuestros hijos serían usados en el ministerio. Creía toda clase de cosas maravillosas que Dios había puesto en mi corazón.

Sin embargo, cuando los espíritus que atan la mente me atacaron, no parecía que pudiera ser capaz de creer mucho en nada. Pensaba cosas como: "Bueno, posiblemente me lo imaginé todo. Me lo creí porque lo deseaba, pero es probable que no suceda nunca". Pero cuando los espíritus se fueron, la capacidad de creer volvió de golpe.

## Decide creer

*Y de la misma manera, también el Espíritu [Santo] nos ayuda en nuestra debilidad; porque no sabemos orar como debiéramos, pero el Espíritu mismo inter- cede por nosotros con gemidos indecibles.*

Romanos 8:26

Como cristianos, necesitamos aprender a *decidir* creer. Con frecuencia Dios nos da fe (un producto del Espíritu) para cosas que nuestras mentes no siempre parecen capaces a asimilar. La mente desea comprenderlo todo; el porqué, el cuándo y el cómo de todo. Con frecuencia, cuando Dios no nos da esa comprensión, la mente se resiste a creer lo que no puede entender.

Con frecuencia sucede que un creyente *sabe* algo en su corazón (su ser interior), pero su mente lucha contra eso.

Yo había decidido mucho antes creer lo que la Palabra dice, y creer el *rhema* (la Palabra revelada) que Dios me dio (las cosas que Él me habló o las promesas que me hizo a mí personalmente), aun cuando no comprendiera por qué, cuándo o cómo todo aquello tendría lugar en mi vida.

Pero aquella cosa contra la cual había estado batallando era diferente; iba más allá de la decisión. Yo estaba atada por esos espíritus que atan la mente y simplemente no podía llegar a creer.

Gracias a Dios que por medio del Espíritu Santo me mostró cómo orar, y Su poder prevaleció aunque yo no sabía que estaba orando por mí misma cuando comencé.

Estoy segura de que tú estás leyendo este libro ahora mismo porque fuiste dirigido a eso. Puede ser que también tú tengas problemas en este aspecto. Si es así, te exhorto a orar en el nombre de Jesús. Por el poder de Su sangre, enfréntate a los "espíritus que atan la mente". Ora de este modo no una sola vez, sino todas las veces que tengas dificultades de esta clase.

Al diablo nunca se le acaban los dardos de fuego para arrojarlos contra nosotros cuando estamos tratando de avanzar. Levanta tu escudo de fe y recuerda que Santiago 1:2-8 nos enseña que podemos pedirle a Dios sabiduría en las pruebas y Él nos la dará y nos mostrará qué debemos hacer.

Yo tenía un problema, un dardo de fuego que no me había encontrado antes. Pero Dios me mostró cómo orar, y quedé liberada.

Tú también lo serás.

# 7

# *Piensa en lo que estás pensando*

*Meditaré en tus preceptos, y consideraré tus
caminos [los caminos de vida delineados
por tu ley].*

Salmo 119:15

La Palabra de Dios nos enseña en qué debemos emplear el tiempo pensando.

El salmista dice que él pensaba o meditaba en los preceptos de Dios. Eso significa que empleaba mucho de su tiempo reflexionando y pensando en los caminos de Dios, Sus instrucciones y Sus enseñanzas. El Salmo 1:3 dice que la persona que hace eso *será como árbol firmemente plantado junto a corrientes de agua, que da su fruto a su tiempo, y su hoja no se marchita; en todo lo que hace, prospera* [y llega a madurar].

Es muy beneficioso pensar en la Palabra de Dios. Mientras más tiempo pasa una persona meditando en la Escritura, más cosechará de la Palabra.

## ¡Ten mucho cuidado con lo que piensas!

*Cuidaos de lo que oís; con la medida [de reflexión y estudio] con que medís [la verdad que oigas] seréis medidos [en virtud y conocimiento], y aun más [además] se os dará.*

Marcos 4:24

¡Qué gran Escritura! Nos dice que mientras más tiempo pasamos pensando en la Palabra que leemos y oímos, más poder y capacidad tendremos para cumplirla; más conocimiento se nos revelará acerca de lo que hemos leído o escuchado. Básicamente se nos dice que sacaremos de la Palabra de Dios lo que hayamos puesto en ella.

Observemos especialmente la promesa de que la cantidad de reflexión y estudio que le dediquemos a la Palabra determinará la cantidad de virtud y conocimiento que nos devolverá.

El *Vine's Expository Dictionary of Biblical Words* dice que en ciertas versiones de la Escritura, la palabra griega *dynamis* que significa "poder" se traduce como "virtud".[1] De acuerdo con *Strong's New Exhaustive Concordance of the Bible,* otra traducción de *dynamis* es "aptitud".[2] La mayoría de la gente no se sumerge en la Palabra de Dios muy a fondo. Puede ser que escuchen cintas de sermones o lean la Biblia ocasionalmente, pero no se han dedicado a hacer de la Palabra una parte muy importante de sus vidas, inclusive dedicar tiempo para meditar en ella.

La carne es básicamente holgazana, y mucha gente quiere conseguir algo a cambio de nada (sin esfuerzo de su parte); sin embargo, en realidad ese no es el modo en que eso obra. Lo repetiré: *una persona sacará de la Palabra lo que esté dispuesto a poner en ella.*

## Medita en la Palabra

*¡Cuán bienaventurado (feliz, afortunado, próspero y envidiable) es el hombre que no anda en el consejo de los impíos [siguiendo su consejo, sus planes y propósitos], ni se detiene [sumiso e inactivo] en el camino de los pecadores, ni se sienta [a descansar y relajarse] en la silla de los escarnecedores [y burlones], sino que en la Ley del Señor está su deleite, y en su ley (los preceptos, instrucciones y enseñanzas de Dios) medita (reflexiona y estudia) de día y de noche!*

Salmo 1:1-2

De acuerdo al *Diccionario Enciclopédico Salvat*, el término *meditar* significa: "Aplicar con profunda atención el pensamiento a la consideración de algo; discurrir sobre el modo de conocerlo o conseguirlo".[3] El *Vine's Expository Dictionary of Biblical Words* dice que *meditar* significa: "... sobre todo, 'preocuparse por', ... 'atender a, practicar', ... 'ser diligente en", el principal sentido de la palabra es poner en práctica, 'ponderar, imaginar', ... 'premeditar'".[4]

Proverbios 4:20 dice: *Hijo mío, presta atención a mis palabras, inclina tu oído a mis razones.* Si ponemos Proverbios 4:20 junto con estas definiciones de la palabra "meditar", vemos que atendemos a la Palabra de Dios al meditar en ella, al ponderarla, al sumirnos en la contemplación de ella, al ponerla en práctica o practicarla en nuestra mente. La idea básica es que si deseamos hacer lo que dice la Palabra de Dios, tenemos que dedicar tiempo a pensar en ella.

¿Recuerdas el viejo dicho "La práctica hace la perfección"? No esperamos en realidad ser expertos en cosa alguna en la vida sin mucha práctica, así que ¿por qué habríamos de esperar que el ser cristiano fuera diferente?

## La meditación produce éxito

*Este libro de la ley no se apartará de tu boca, sino que meditarás en él día y noche, para que cuides de hacer todo lo que en él está escrito; porque entonces harás prosperar tu camino y tendrás éxito.*

Josué 1:8

Si quieres tener éxito y prosperar en todos tus tratos, la Biblia dice que tienes que meditar en la Palabra de Dios día y noche.

¿Cuánto tiempo dedicas a pensar acerca de la Palabra de Dios? Si estás teniendo problemas en algún aspecto de tu vida, una respuesta honesta a esta pregunta pudiera descubrir la razón para esto.

Durante la mayor parte de mi vida, no me preocupé de pensar en lo que yo estaba pensando. Simplemente pensaba cualquier cosa que se me apareciera en la cabeza. No se me había revelado que Satanás podía inyectar pensamientos en mi mente. Mucho de lo que estaba en mi cabeza era o mentiras que Satanás me estaba diciendo o sólo puras tonterías; cosas que en realidad no merecían la pena de gastar mi tiempo pensando en ellas. El diablo estaba controlando mi vida porque estaba dominando mis pensamientos.

## ¡Piensa en lo que estás pensando!

*Entre los cuales también todos nosotros en otro tiempo vivíamos en las pasiones de nuestra carne [nuestra conducta gobernada por nuestra naturaleza corrupta y sensual], satisfaciendo los deseos de la carne y de la mente.*

Efesios 2:3

Pablo nos advierte aquí que no debemos ser gobernados por nuestra naturaleza sensual u obedecer los impulsos de nuestra carne ni los pensamientos de nuestra mente carnal.

Aunque era cristiana, tenía problemas en mi vida diaria porque no había aprendido a controlar mis pensamientos. Yo pensaba en cosas que mantenían mi mente ocupada, pero que no eran productivas de un modo positivo.

*¡Necesitaba cambiar mi forma de pensar!*

Cuando el Señor empezó a enseñarme acerca del campo de batalla de la mente, me dijo una cosa que se convirtió en un hito en mi vida. Eso fue: "Piensa en lo que estás pensando". Cuando comencé a hacerlo, no demoré mucho en percatarme de por qué tenía tantos problemas en mi vida.

*¡Mi mente era un desastre!*

Estaba pensando en todas la cosas que no debía.

Iba a la iglesia —y lo había hecho por años— pero en realidad jamás pensaba en lo que oía. Como se dice, me entraba por un oído y me salía por el otro. Leía porciones de la Escritura cada día, pero nunca reflexionaba en lo que leía. No le estaba *prestando atención* a la Palabra. No le estaba dedicando ni un pensamiento ni estudio a lo que oía. Por consiguiente, no recibía de vuelta ninguna virtud ni sabiduría.

## Meditar en las obras de Dios

*En tu misericordia, oh Dios, hemos meditado,*
*en medio de tu templo.*

Salmo 48:9

El salmista David hablaba con frecuencia acerca de meditar en todas las obras maravillosas del Señor; los hechos poderosos de Dios. Él decía que pensaba en el nombre del Señor, la misericordia de Dios y muchas cosas parecidas.

Cuando empezaba a sentirse deprimido, escribió en el Salmo 143:4-5: *Y en mí languidece mi espíritu [envuelto en pesadumbre]; mi corazón está consternado dentro de mí. Me acuerdo de los días antiguos, en todas tus obras medito, reflexiono en la obra de tus manos.*

Por este pasaje vemos que la respuesta de David a sus sentimientos de depresión y pesadumbre no era meditar en el problema. En lugar de ello, él se enfrentaba al problema *escogiendo* literalmente recordar los buenos tiempos del pasado; ponderando los hechos de Dios y las obras de Sus manos. En otras palabras, él pensaba en algo bueno, y eso lo ayudaba a vencer la depresión.

Nunca olvides esto: *tu mente desempeña un papel muy importante en tu victoria.*

Sé que es el poder del Espíritu Santo, obrando a través de la Palabra de Dios, lo que trae la victoria a nuestras vidas. Pero una gran parte de la obra que hace falta llevar a cabo nos toca a nosotros, que tenemos que alinear nuestras ideas de acuerdo con Dios y Su Palabra. Si nos negamos a hacer esto o decidimos pensar en cosas sin importancia, jamás alcanzaremos la victoria.

## Ser transformados mediante la renovación de nuestra mente

*Y no os adaptéis a este mundo (esta era) [amoldados y adaptados a sus costumbres externas y superficiales], sino transformaos (cambiaos) mediante la [entera] renovación de vuestra mente [por sus nuevos ideales y actitudes], para que verifiquéis [por vosotros mismos] cuál es la voluntad de Dios; lo que es bueno, aceptable y perfecto [a Sus ojos para vosotros].*

Romanos 12:2

En este pasaje el apóstol Pablo nos dice que si deseamos ver la buena y perfecta voluntad de Dios manifestarse en nuestras vidas, podemos... *si* renovamos nuestras mentes. ¿Renovadas a qué? Renovadas al modo de pensar de Dios. Por este proceso de pensar nuevo cambiaremos y nos transformaremos en lo que Dios planeó para nosotros. Jesús ha hecho posible esta transformación por medio de Su muerte y resurrección. Por este proceso de renovar nuestras mentes eso se vuelve realidad en nuestras vidas.

A estas alturas permíteme decir, para evitar cualquier confusión, que la forma correcta de pensar *nada* tiene que ver con la salvación. La salvación se basa únicamente en la sangre de Jesús, Su muerte en la cruz y Su resurrección. Mucha gente irá al cielo porque aceptaron de veras a Jesús como su Salvador, pero muchas de esas mismas personas nunca habrán andado victoriosas ni disfrutado del buen plan que Dios tenía para sus vidas porque no renovaron sus mentes de acuerdo con Su Palabra.

Durante años, yo fui una de esas personas. Había nacido de nuevo. Iría al cielo, iba a la iglesia y seguía una forma de religión, pero en realidad no disfrutaba de victoria en mi vida. La razón era que estaba pensado en lo que no debía.

## Pensar en estas cosas

*Por lo demás, hermanos, todo lo que es verdadero, todo lo digno, todo lo justo, todo lo puro, todo lo amable, todo lo honorable, si hay alguna virtud o algo que merece elogio, en esto meditad [fijad vuestras mentes en ellas].*

Filipenses 4:8

La Biblia presenta muchas instrucciones detalladas acerca de la clase de cosas en que debemos pensar. Estoy segura de que puedes apreciar por todas estas Escrituras que se nos dan instrucciones de pensar en cosas buenas, cosas que nos edificarán y no nos echarán por tierra.

Es muy cierto que nuestros pensamientos afectan nuestras actitudes y disposición de ánimo. Todo lo que el Señor nos dice es para nuestro propio bien. Él sabe lo que nos hará felices y lo que nos hará desgraciados. Cuando una persona está llena de ideas erróneas, se siente desdichada, y sé por experiencia propia, que cuando una persona se siente desgraciada, por lo regular termina haciendo infelices a otros también.

Debes hacer un inventario periódico con regularidad y preguntarte: "¿En qué he estado pensando?" Dedica algún tiempo a examinar tu vida interior.

Pensar en lo que estás pensando vale mucho, porque Satanás acostumbra a engañar a la gente para que piense que el origen de su infelicidad o sus problemas es algo diferente de lo que en realidad es. Él quiere que piensen que son infelices debido a lo que sucede *alrededor* de ellos (sus circunstancias), pero la desdicha se debe en realidad a lo que está sucediendo *dentro* de ellos (sus pensamientos).

Durante muchos años yo creí realmente que era desdichada por las cosas que otros hacían o no hacían. Le echaba la culpa de mi infelicidad a mi esposo y a mis hijos. Si fueran diferentes, si atendieran más a mis necesidades, si me ayudaran en la casa, entonces, pensaba, yo sería feliz. Era una cosa, y luego, otra, durante años. Al fin enfrenté la verdad, que era que ninguna de estas cosas tenían que hacerme infeliz si yo adoptaba la actitud adecuada. Mis pensamientos eran los que me hacían desdichada.

Déjame decirlo una vez más: *Piensa en lo que estás pensando.* Puede que localices algunos de tus problemas y te encamines a la liberación muy pronto.

## NOTAS

1. W. E. Vine, Merrill Unger, Whilliam White, Jr., ed. *Vine's Expository Dictionary of Biblical Words* (Nashville: Thomas Nelson Publishers, 1985), p. 662.

2. James Strong, *New Strong's Exhaustive Concordance of the Bible*, (Nashville: Thomas Nelson Publishers, 1984), "Greek Dictionary of the New Testament", p. 24.

3. *Webster's II New Riverside University Dictionary,* s.v. "meditate".

4. W. E. Vine, Merrill Unger, William White, Jr., eds., *Vine's Expository Dictionary of Biblical Words* (Nashville: Thomas Nelson Publishers, 1985), p. 400.

Segunda parte:

# Las condiciones de la mente

# Introducción

*Mas nosotros tenemos la mente de Cristo*
*(el Mesías) [y retenemos los pensamientos*
*(sentimientos y propósitos) de Su corazón].*

1 Corintios 2:16

¿En qué condiciones está tu mente?

¿Has notado que las condiciones de tu mente cambian? En un momento puedes estar calmado y apacible, y en otro, ansioso y preocupado. O puedes tomar una decisión y estar seguro de ella, y después tu mente se confunde en lo relativo a la misma cosa con respecto a la cual estabas tan seguro y cierto.

En mi propia vida he pasado por esas cosas igual que los demás. Ha habido momentos en que parecía ser capaz de creer en Dios sin sombra de duda, y de repente había otros en que las dudas y la incredulidad me perseguían sin misericordia.

Debido a que la mente parece poder estar en tantas condiciones diferentes, me empecé a preguntar ¿cuándo está normal mi mente? Deseaba saber lo que era normal para poder aprender a enfrentar los patrones de pensamiento anormales en cuanto se presentaran.

Por ejemplo, una mente crítica, suspicaz y condenatoria debe considerarse anormal en un creyente. Sin embargo, durante la mayor parte de mi vida, era normal para mí, aunque no debía haberlo sido. Era a lo que yo estaba acostumbrada, y aunque mis pensamientos estaban muy equivocados y me estaban provocando muchísimos problemas en mi vida, yo no sabía que algo andaba mal en mi forma de pensar.

No sabía que podía hacer algo con respecto a mi modo de pensar. Era creyente, y lo había sido durante años, pero nada me habían enseñado acerca de mi forma de pensar o de en qué condiciones debía estar la mente de un creyente.

Nuestras mentes no nacen de nuevo con el Nuevo Nacimiento; tienen que ser renovadas (Romanos 12:2). Como ya he dicho varias veces, la renovación de la mente es un proceso que toma tiempo. No te sientas desolado aunque cuando leas la siguiente parte de este libro y descubras que la mayor parte del tiempo tu mente está en una condición anormal para alguien que declara que Cristo es su Salvador. Reconocer el problema es el primer paso hacia la recuperación.

En mi propio caso, empecé a tomar mucho más en serio mis relaciones con el Señor hace varios años, y fue en aquel tiempo que Él empezó a revelarme que muchos de mis problemas tenían sus raíces en la manera errada de pensar. ¡Mi mente estaba revuelta! Dudo que haya estado alguna vez en las condiciones que debía haber estado; y si lo estuvo, no fue por mucho tiempo.

Me sentí abrumada cuando empecé a ver a cuántas cosas erróneas era adicta. Intentaba echar a un lado los pensamientos equivocados que me venían a la mente, y éstos volvían de inmediato. Pero, poco a poco, llegaron la libertad y la liberación.

Satanás combatirá agresivamente contra la renovación de tu mente, pero es vital que sigas inexorable hacia adelante y permanezcas orando y estudiando este asunto hasta que obtengas una victoria contundente.

¿Cuándo tu mente está normal? ¿Se supone que vague por todas partes o tú debes ser capaz de enfocarla en lo que estás haciendo? ¿Deberías estar alterado y confundido, o apacible y razonablemente seguro de la dirección que debería estar tomando tu vida? ¿Debería estar tu mente llena de dudas e incredulidad, deberías estar ansioso y preocupado, atormentado por el temor? ¿O el privilegio del hijo de Dios es echar todas sus cargas sobre Él? (1 Pedro 5:7.)

La Palabra de Dios nos enseña que tenemos la mente de Cristo. ¿Cómo tú crees que haya sido Su mente cuando vivía en la tierra; no sólo como Hijo de Dios, sino también como Hijo del Hombre?

Prosigue orando sin desmayar hacia la siguiente parte de *El campo de batalla de la mente*. Creo que te abrirá los ojos ante los patrones de pensamiento normales y anormales para quien es un discípulo de Jesús y está determinado a andar victorioso.

# 8

# ¿Cuándo está normal mi mente?

*[Porque yo siempre oro] pidiendo que el Dios de nuestro Señor Jesucristo, el Padre de gloria, os dé espíritu de sabiduría y de revelación [de discernimiento en los misterios y secretos] en un mejor [más profundo e íntimo] conocimiento de Él. Mi oración es que los ojos de vuestro corazón sean iluminados, para que sepáis cuál es la esperanza de Su llamamiento, cuáles son las riquezas de la gloria de su herencia en los santos (los apartados para Él).*

Efesios 1:17-18

Observa que Pablo ora para que tú y yo ganemos sabiduría al tener "los ojos de (nuestro) corazón" iluminados. Basada en muchas cosas que he estudiado, interpreto "los ojos del corazón" como la mente.

¿En qué condición debería estar nuestra mente como cristianos? En otras palabras, ¿cuál sería el estado normal de la mente de un creyente? A fin de contestar esta pregunta, tenemos que buscar en las diferentes funciones de la mente y el espíritu.

De acuerdo con la Palabra de Dios, la mente y el espíritu trabajan juntos: esto es lo que yo llamo el principio de "la mente ayudando al espíritu".

Para comprender mejor este principio, veamos cómo obra en la vida de un creyente.

## El principio del espíritu-mente

*Porque entre los hombres, ¿quién conoce (percibe y entiende) los pensamientos de un hombre, sino el espíritu del hombre que está en él? Asimismo, nadie conoce (percibe y comprende) los pensamientos de Dios, sino el Espíritu de Dios.*

1 Corintios 2:11

Cuando una persona recibe a Cristo como su Salvador personal, el Espíritu Santo viene a vivir dentro de ella. La Biblia nos enseña que el Espíritu Santo conoce la mente de Dios. Tal como el espíritu de una persona dentro de sí es el único que conoce sus pensamientos, asimismo el Espíritu de Dios es el único que conoce la mente de Dios.

Puesto que el Espíritu Santo vive en nosotros, y ya que Él conoce la mente de Dios, uno de Sus propósitos es revelarnos la sabiduría y la revelación de Dios. Esa sabiduría y esa revelación se la imparte a nuestro espíritu, y nuestro espíritu entonces ilumina los ojos de nuestro corazón, que es la mente. El Espíritu Santo hace esto para que podamos entender desde un nivel práctico lo que se nos está ministrando espiritualmente.

## ¿Normal o anormal?

Como creyentes, somos espirituales, y también somos naturales. Lo natural no siempre entiende lo espiritual; por lo tanto, es vitalmente necesario que nuestras mentes sean iluminadas en lo que respecta a lo que está sucediendo en nuestros espíritus. El

Espíritu Santo desea traernos esta iluminación, pero *la mente con frecuencia se pierde lo que el espíritu está intentando revelarle porque está demasiado ocupada.* Una mente que está demasiado ocupada es anormal. La mente es normal cuando está descansando; no en blanco, sino descansando.

La mente no debe llenarse con razonamientos, preocupaciones, ansiedades, temores y cosas así. Debe estar en calma, tranquila y serena. Mientras adelantemos en esta segunda parte del libro, observarás muchas condiciones anormales de la mente y posiblemente las reconozcas como condiciones frecuentes de tu propia mente.

Es importante entender que la mente necesita ser mantenida en la condición "normal" descrita en este capítulo. Compárala con la condición usual de nuestras mentes y verás por qué con frecuencia el Espíritu Santo nos revela tan poco, y por qué demasiado a menudo sentimos que nos falta sabiduría y discernimiento.

Recuerda que el Espíritu Santo intenta iluminar la mente de los creyentes. Da información de Dios al espíritu de la persona, y si el espíritu y la mente se están ayudando uno al otro, la persona puede andar en la divina sabiduría y discernimiento. Pero si su mente está demasiado ocupada, se perderá lo que el Señor está tratando de revelarle mediante su Espíritu.

## La vocecita apacible

*Entonces Él dijo: "Sal y ponte en el monte delante del Señor". Y he aquí que el Señor pasaba. Y un grande y poderoso viento destrozaba los montes y quebraba las peñas delante del Señor; pero el Señor no estaba en el viento. Después del viento, un terremoto; pero el Señor no estaba en el terremoto. Después del terremoto, un fuego; pero el Señor no estaba en el fuego. Y después del fuego, el susurro de una brisa apacible.*

1 Reyes 19:11-12

Durante años he orado por revelación, pidiéndole a Dios que me revele cosas por medio de Su Espíritu que vive dentro de mí. Sabía que esa petición era bíblica. Creí la Palabra y me sentí segura de que tal como lo pedía, lo recibiría. Pero, la mayor parte del tiempo me sentía como lo que yo llamaba una "zonza espiritual". Entonces me enteré de que no recibía mucho de lo que el Espíritu Santo quería revelarme, simplemente porque mi mente estaba tan errática y ocupada que se estaba perdiendo la información que se le ofrecía.

Imagínate a dos personas juntas en una habitación. Una está tratando de murmurarle un secreto a la otra. Si la habitación está llena de ruidos fuertes, aunque el mensaje se está comunicando, el que espera por la información secreta no la oirá, sencillamente porque hay tanto ruido en la habitación que no puede oírla. A menos que esté prestando una cuidadosa atención, puede que ni siquiera se entere de que le están hablando.

Esa es la forma en que ocurre la comunicación entre el Espíritu de Dios y nuestro espíritu. Las maneras del Espíritu Santo son muy suaves; la mayor parte del tiempo nos habla como lo hizo al profeta en este pasaje: con una "vocecita apacible". Por lo tanto es vital que aprendamos a mantenernos en una condición que nos permita oír.

## El espíritu y la mente

*Entonces ¿qué? Oraré con el espíritu [por el Espíritu Santo que está dentro de mí], pero también oraré [inteligiblemente] con el entendimiento...*

1 Corintios 14:15

Quizás la mejor manera de entender este principio de la "mente ayudando al espíritu" es pensar en la oración. En este versículo el apóstol Pablo dice que él oraba tanto con su espíritu como con su mente.

Entiendo de qué está hablando Pablo porque yo hago lo mismo. Con frecuencia oro en el espíritu (en una lengua desconocida); después que he orado así durante un rato, a menudo algo viene a mi mente para que ore en mi propia lengua. Creo que de este modo la mente ayuda al espíritu. Obra juntos para que el conocimiento y la sabiduría de Dios me lleguen de una forma en que yo pueda entenderla.

Esto también obra a la inversa. Hay ocasiones en que deseo orar, así que me presento a Dios para orar. Si no siento nada especial en el espíritu, simplemente empiezo a orar con mi mente. Oro por cosas o situaciones que conozco. Algunas veces estas oraciones parecen no tener impacto; no viene ayuda de mi espíritu. Parece como si estuviera luchando, así que sigo a otras cosas de las que ya tengo conocimiento.

Continúo de esa forma hasta que el Espíritu Santo toma el control dentro de mí con respecto a algún asunto. Cuando lo hace, entonces sé que he dado con algo sobre lo cual Él quiere orar, no únicamente algo por lo que yo quiero orar. De este modo mi mente y mi espíritu están trabajando juntos, ayudándose uno al otro a cumplir la voluntad de Dios.

## Las lenguas y la interpretación

*Por tanto, el que habla en lenguas [desconocidas], pida en oración [por el poder] para que pueda interpretar. Porque si oro en lenguas [desconocidas], mi espíritu [por el Espíritu Santo dentro de mí] ora, pero mi entendimiento queda sin fruto [es improductivo y no ayuda a nadie].*

1 Corintios 14:13-14

Otro ejemplo del modo en que el espíritu y la mente trabajan juntos es el don de lenguas con interpretación.

Cuando hablo en lenguas, mi mente está estéril hasta que Dios me da a mí o a otro el entendimiento de lo que estoy diciendo; entonces mi mente fructifica.

Por favor, ten presente que los dones no son lenguas y traducción. La traducción es un recuento exacto —palabra por palabra— del mensaje, mientras que en la interpretación, una persona ofrece una comprensión de lo que otra ha dicho, pero en el estilo propio del intérprete, tal como lo expresa en su propia personalidad particular.

Permíteme darte un ejemplo: la hermana Sara puede ponerse de pie en la iglesia y dar un mensaje en una lengua desconocida. Ha venido de su espíritu, y ni ella ni nadie más sabe lo que ha dicho. Dios puede hacer que yo entienda cuál era el mensaje, pero quizás de un modo general. Cuando me adelanto en fe, y empiezo a interpretar lo que se ha hablado, hago que todos comprendan el mensaje. Pero sale a través de mí, con mi forma de expresión única.

Orar en el espíritu (en lengua desconocida), e interpretar lo dicho (en esa lengua desconocida) es un modo maravilloso de entender el principio de "la mente ayudando al espíritu". El espíritu está hablando algo, y la mente está brindando comprensión.

Ahora piensa en esto: si la hermana Sara habla en una lengua desconocida, y Dios está buscando alguien que ofrezca la interpretación, tendrá que pasar de largo por mi lado si mi mente está demasiado errática y ocupada para escuchar. Aunque Él tratara de darme la interpretación, yo no la recibiría.

Cuando estaba recién convertida y aprendiendo acerca de los dones espirituales, oré casi exclusivamente por lenguas. Después que había pasado un buen tiempo, empecé a sentirme aburrida con mi vida de oración. Cuando hablé con el Señor de eso, Él me hizo saber que yo estaba aburrida porque no tenía entendimiento de lo que estaba pidiendo en oración. Aunque comprendo que no *siempre* tengo que entender lo que estoy diciendo cuando oro en el espíritu, he aprendido que este tipo de oración está desequilibrado y no es el más fructífero si *nunca* entiendo lo que hablo.

## La mente alerta y en paz

*Al de firme propósito [tanto su inclinación como su carácter] guardarás en perfecta paz, porque en ti confía.*

Isaías 26:3

Espero que puedas ver en seguida por estos ejemplos que tu mente y tu espíritu ciertamente trabajan juntos. *Por lo tanto, es de la mayor importancia que tu mente se mantenga en una condición normal.* De otro modo, no puede ayudar a tu espíritu.

Por supuesto que Satanás sabe esto, así que te ataca la mente, librando una guerra contra ti en el campo de batalla de tu mente. Él quiere sobrecargar y extenuar tu mente, llenándola con toda clase de pensamientos erróneos, para que no pueda estar libre y disponible para que el Espíritu Santo obre a través de tu propio espíritu humano.

La mente debe mantenerse apacible. Como el profeta Isaías nos dice, cuando la mente es mantenida en las cosas correctas, estará en reposo.

Pero la mente también debe estar alerta. Esto se vuelve imposible cuando está cargada con cosas que nunca tuvo intenciones de llevar.

Piénsalo otra vez: ¿cuánto tiempo tu mente está normal?

# 9

# Una mente errabunda y dubitativa

*Por tanto, ceñid vuestro entendimiento...*

1 Pedro 1:13

En el capítulo anterior establecimos que una mente demasiado ocupada es anormal. Otra condición anormal de la mente, es que esté vagando por todas partes. La incapacidad para concentrarse indica ataques mentales del diablo.

Mucha gente ha pasado años permitiendo que sus mentes divaguen porque nunca han aplicado los principios de la disciplina a su vida intelectual.

Muy a menudo las personas que parecen no poder concentrarse piensan que son deficientes mentales. Sin embargo, la incapacidad para concentrarse puede ser el resultado de años de permitir que la mente haga lo que desee, cuando quiera hacerlo. La incapacidad para concentrarse también puede ser síntoma de deficiencia vitamínica. Ciertas vitaminas B mejoran la concentración, por lo tanto, si eres incapaz de concentrarte, pregúntate si estás comiendo lo que debes y si tu nutrición es sana.

La fatiga extrema también puede afectar la concentración. He comprobado que cuando estoy excesivamente cansada

Satanás intenta atacar mi mente porque sabe que es más difícil resistirlo en esos momentos. El diablo quiere que tú y yo pensemos que somos deficientes mentales para que no intentemos hacer algo que lo perjudique. Quiere que aceptemos pasivamente cualesquiera mentiras que nos cuente.

Una de nuestras hijas tenía dificultades en concentrarse de niña. Le era difícil leer porque la concentración y la comprensión van de la mano. Muchos niños e incluso algunos adultos, no comprenden lo que leen. Pasan los ojos por encima de las letras en la página, pero sus mentes no entienden en realidad lo que están leyendo.

Con frecuencia la dificultad para comprender es el resultado de una falta de concentración. Lo sé por mí misma, que a veces puedo leer todo un capítulo de la Biblia u otro libro, y de pronto me doy cuenta de que no sé qué he estado leyendo. Vuelvo atrás y leo de nuevo, y todo me parece nuevo porque, aunque mis ojos le pasaron por encima a las letras de la página, mi mente había estado vagando por otra parte. Como no me concentré en lo que hacía, fallé en comprender lo que estaba leyendo.

A menudo el problema real detrás de la falta de comprensión es falta de atención, causada por una mente distraída.

## Una mente errabunda

*Guarda tus pasos [pon la mente en lo que estás haciendo]...*

Eclesiastés 5:1

Creo que la expresión "guarda tus pasos" significa "no pierdas el equilibrio o te salgas de la senda". La amplificación de la frase indica que uno permanece en la senda, manteniendo su mente en lo que está haciendo.

Yo tenía una mente errabunda y tuve que entrenarla con disciplina. No fue fácil, y algunas veces todavía tengo recaídas.

Mientras trato de terminar un proyecto, de pronto me percato de que mi mente se ha puesto a vagar hacia algo que nada tiene que ver con el asunto que estoy tratando. Todavía no he llegado a la perfecta concentración, pero por lo menos entiendo cuán importante es no permitir que mi mente se vaya adonde le plazca, cuando lo desee.

El Diccionario Salvat define el término *errar* como: "1. Andar vagando de una a otra parte. 2. fig. Divagar el pensamiento, la atención, etc." y *divagar* como: "1. Vagar, desplazarse sin propósito determinado. 2. Separarse, hablando o escribiendo, del asunto de que se trata".[1]

Si eres como yo, puedes estar sentado en la iglesia durante un servicio, escuchando al predicador, disfrutando y beneficiándote de veras con lo que se está diciendo, cuando, de pronto, tu mente se distrae. Al poco rato "despiertas" para encontrarte con que no recuerdas nada de lo que ha estado sucediendo. Aunque tu cuerpo ha estado en la iglesia, tu mente se ha ido al centro comercial, a rebuscar por las tiendas, o a la casa, a cocinar la cena.

Recuerda, en la guerra espiritual, el campo de batalla es la mente. Es ahí donde el enemigo ataca. Él sabe muy bien que aunque una persona vaya a la iglesia, si no puede mantenerse concentrada en lo que le están enseñando, ningún beneficio sacará de estar allí. El diablo sabe que una persona no puede disciplinarse a sí misma para concluir un proyecto, si no puede disciplinar su mente y mantenerla en lo que está haciendo.

Este fenómeno de la mente errante también sucede durante la conversación. Hay veces en que mi esposo, Dave, me está hablando y yo escucho durante un rato; de repente me percato de que no he oído ni jota de lo que ha estado diciendo. ¿Por qué? Porque he permitido que mi mente divague hacia otra cosa. Mi cuerpo estaba allí pareciendo escuchar, pero mi mente nada había oído.

Durante muchos años, cuando me sucedía esto, fingía que sabía exactamente lo que Dave estaba diciendo. Ahora lo detengo y le digo: "¿Puedes repetirme eso? Me distraje y no oí lo que decías".

De este modo, siento que al menos estoy luchando contra el problema. ¡Enfrentar los problemas es el único modo de llegar a vencerlos!

He decidido que si el diablo se toma el trabajo de atacarme distrayendo mi mente, debe ser porque se está diciendo algo que yo necesitaba escuchar.

Una forma de combatir al enemigo en este aspecto es aprovechar la ventaja de las cintas magnetofónicas que proporcionan la mayor parte de las iglesias. Si todavía no has aprendido a disciplinar tu mente para mantenerla en lo que se está diciendo en la iglesia, compra una cinta de la prédica cada semana y escúchala tantas veces como te haga falta para comprender el mensaje.

*El diablo se dará por vencido cuando compruebe que tú no te rindes.*

Recuerda, Satanás quiere que pienses que eres mentalmente deficiente; que algo anda mal en ti. Pero la verdad es que lo único que te hace falta es empezar a disciplinar tu mente. No le permitas vagar por todo el pueblo, haciendo lo que le parezca. Empieza hoy mismo a "guardar tus pasos", a poner tu mente en lo que estás haciendo. Necesitarás practicar por un tiempo. Romper viejos hábitos y formar otros nuevos siempre toma tiempo, pero merece la pena al final.

## Una mente dubitativa

*En verdad os digo que cualquiera que diga a este monte: "Quítate y arrójate al mar", y no dude en su corazón, sino crea que lo que dice va a suceder, le será concedido. Por eso os digo que todas las cosas por las que oréis y pidáis, creed que ya las habéis recibido, y os serán concedidas.*

Marcos 11:23-24

Enfrentada con una u otra cosa, con frecuencia yo empezaba a decir: "Me pregunto". Por ejemplo:

"Me pregunto qué tiempo habrá mañana".

"Me pregunto qué debería usar para ir a la fiesta".

"Me pregunto qué calificaciones traerá Danny (mi hijo) en
su reporte escolar".

"Me pregunto cuánta gente vendrá al seminario".

El diccionario define parcialmente estos términos como
"una sensación de perplejidad o duda" y "estar lleno de
curiosidad o duda".[2]

He llegado a aprender que me va mucho mejor cuando hago
algo positivo que cuando me limito a preguntarme todo el
tiempo acerca de todo lo imaginable. En vez de preguntarme
qué calificaciones alcanzará Danny, puedo creer que tendrá
buenas notas. En lugar de preguntarme qué debería ponerme
para la fiesta, puedo decidir qué usar. En vez de preguntarme
el tiempo que habrá o cuánta gente vendrá a una de mis
reuniones, puedo sencillamente entregarle el asunto al Señor,
confiando en que Él hará que todas las cosas obren para bien
sin tener en cuenta lo que suceda.

Preguntarse las cosas deja a la persona sumida en la indecisión, y la indecisión causa confusión. Preguntarse, la indecisión y la confusión impiden que una persona reciba de Dios,
por fe, la respuesta a su necesidad u oración.

Observa que en Marcos 11:23-24 Jesús no dijo: "Todas las
cosas por las que oréis y pidáis, *preguntaros si* las recibiréis". En
vez de eso, Él dijo: "Todas las cosas por las que oréis y pidáis,
*creed* que ya las habéis recibido, ¡y os serán concedidas!"

Como cristianos, como *creyentes,* tenemos que creer... ¡no
dudar!

## NOTAS

1. Salvat Básico: Diccionario enciclópedico, (Salvat Editores S.A. Barcelona,
   España).
2. Webster's II New Riverside Dictionary, s.v. "wonder".

# 10

# Una mente confundida

*Pero si alguno de vosotros se ve falto de sabiduría, que la pida a Dios, el cual da a todos abundantemente y sin reproche, y le será dada. Pero que pida con fe, sin dudar (sin vacilar); porque el que duda es seme- jante a la ola del mar, impulsada por el viento y echada de una parte a otra. No espere, pues, ese hombre, que recibirá cosa alguna [que pida] del Señor. [Porque] siendo [como él es un] hombre de doble ánimo (vacilante, dubitativo, irresoluto), [es] inestable [indigno de confianza e incierto] en todos sus caminos [lo que piensa, siente o decide].*

Santiago 1:5-8

Hemos descubierto que la duda y la confusión son relati- vos. Preguntarse, dudando, en vez de ser definitivos en el pensamiento, puede y debe causar duda y confusión.

Santiago 1:5-8 es una porción excelente de las Escrituras que nos ayuda a comprender cómo vencer la indecisión, la duda y la confusión, y recibir lo que necesitamos de Dios. Para mí, el "hombre de doble ánimo" (la versión de *La Biblia al Día* dice "la mente del que duda") es el cuadro de la confusión mientras él constantemente va hacia delante y hacia atrás, adelante y atrás, sin decidir nunca cosa alguna. Tan pronto él piensa que ha tomado una decisión, le atacan la indecisión, la duda y la confusión para ponerlo otra vez entre dos opciones. Duda con respecto a todo.

Yo viví gran parte de mi vida así, sin percatarme de que el diablo me había declarado la guerra y que mi mente era el campo de batalla. Me sentía totalmente confundida con respecto a todo y no entendía por qué.

## Razonar conduce a la confusión

*"Hombres de poca fe, ¿por qué discutís entre vosotros que no tenéis pan?"*

Mateo 16:8

Hasta ahora hemos tratado acerca del vacilar y hablaremos más sobre la duda en el siguiente capítulo. Ahora me gustaría extenderme más con respecto a la confusión.

Un gran porcentaje del pueblo de Dios admite estar confundido. ¿Por qué? Como hemos visto, una razón es dudar. La otra es razonar. El diccionario define en parte el sustantivo *razón* como "hecho o motivo subyacente que proporciona sentido lógico a una premisa o suceso" y el verbo *razonar* como "usar la facultad de la razón; pensar lógicamente".[1]

Un modo simple de decirlo es que el razonamiento tiene lugar cuando la persona trata de imaginarse el "porqué" detrás de algo. Razonar hace que la mente dé vueltas alrededor de una situación, asunto o suceso, intentando comprender todas tus intrincadas partes componentes. Estamos razonando cuando analizamos minuciosamente una afirmación o enseñanza para ver si es lógica, y la descartamos si no lo es.

Con frecuencia Satanás nos roba la voluntad de Dios por medio del razonamiento. El Señor puede guiarnos a hacer ciertas cosas, pero si no tienen sentido —si no nos parecen lógicas— podemos sentirnos tentados a descartarlas. Lo que Dios guía a una persona a hacer no siempre tiene sentido lógico para su mente. Su espíritu puede afirmarlo y su mente rechazarlo, especialmente si se sale de lo ordinario o es desagradable o si implica sacrificio o incomodidad personal.

## No razonar en la mente, sino obedecer en el espíritu

*Pero el hombre natural no acepta las cosas del Espíritu de Dios, porque para él son necedad; y no las puede entender, porque se disciernen espiritualmente.*

1 Corintios 2:14

He aquí una ilustración práctica y personal que espero ayudará a comprender mejor este asunto de razonar en la mente versus obedecer en el espíritu.

Una mañana, mientras me estaba vistiendo para ministrar en una reunión semanal que yo dirigía cerca de mi pueblo, empecé a pensar en la mujer que regenteaba nuestro ministerio de ayuda y en lo fiel que había sido. Surgió en mi corazón un deseo de hacer algo para bendecirla de alguna manera.

Y oré: "Padre, Ruth Ann ha sido una bendición para nosotros todos estos años, ¿qué pudiera hacer para bendecirla?"

Inmediatamente mis ojos cayeron sobre un vestido nuevo rojo que estaba colgando en mi ropero, y supe en mi corazón que el Señor me estaba impulsando a darle aquel vestido a Ruth Ann. Aunque lo había comprado tres meses antes, nunca lo había estrenado. De hecho, todavía colgaba bajo la bolsa plástica en que lo había traído a casa. Me gustaba mucho, pero cada vez que había pensado ponérmelo, por alguna razón se me habían quitado los deseos de usarlo.

Recuerda, dije que cuando mis ojos cayeron sobre el vestido rojo, *supe* dentro de mí que debía dárselo a Ruth Ann. Sin embargo, yo no *quería* cederlo, así que inmediatamente empecé a razonar que Dios no podía estarme diciendo que le diera a ella el vestido rojo porque era nuevo de paquete, jamás lo había estrenado, muy caro... ¡y yo incluso había comprado aretes rojo y plata que hicieran juego con él!

Si yo hubiera mantenido mi mente carnal fuera de la situación y seguido siendo sensible a Dios en mi espíritu, todo hubiera ido de lo mejor, pero los humanos tenemos la habilitad de engañarnos mediante los razonamientos cuando no deseamos realmente hacer lo que Dios nos está diciendo. En dos minutos me olvidé de todo el asunto y seguí haciendo mis cosas. En resumen, que yo no quería regalar el vestido porque era nuevo y me gustaba. Mi mente razonó que el deseo que yo sentí no podía ser de Dios, sino del diablo que estaba tratando de quitarme algo que me gustaba.

Algunas semanas más tarde me estaba alistando para otra reunión en el mismo lugar, igual que antes, cuando de nuevo me vino a la mente el nombre de Ruth Ann. Empecé a orar por ella. Repetí toda la escena, diciendo: "Padre, Ruth Ann ha sido una bendición tan grande para nosotros, ¿qué puedo hacer para bendecirla?" Inmediatamente vi el vestido rojo otra vez y se me cayeron las alas del corazón porque recordé el otro incidente (que yo había olvidado rápidamente y por completo).

Esta vez no había manera de escurrirse; o enfrentaba el hecho de que Dios me estaba mostrando lo que tenía que hacer y lo hacía, o simplemente decía: "Sé lo que me estás mostrando, Señor, pero no lo haré". Amo demasiado al Señor para desobedecerlo voluntariamente y a sabiendas, así que empecé a hablarle acerca del vestido rojo.

En pocos minutos me percaté de que en la anterior ocasión había razonado para salirme de la voluntad de Dios, y me había tomado sólo un momento hacerlo. Había pensado que no podía haber estado oyendo eso de Dios porque el vestido rojo era nuevo. ¡Pero ahora comprendía que la Biblia no dice nada de regalar sólo cosas viejas! Sería más sacrificio para mí regalar el vestido porque era nuevo, pero también sería más bendición para Ruth Ann.

Mientras le abría mi corazón a Dios, Él empezó a mostrarme que desde el principio yo había comprado el vestido para

Ruth Ann; por esa razón nunca había llegado a usarlo. Todo el tiempo el Señor se había propuesto usarme como instrumento Suyo para bendecirla. Pero como yo había tenido mis ideas con el vestido, hasta que no estuve dispuesta a dejar de lado mi idea, no pude ser guiada por el Espíritu.

Este incidente particular me enseñó muchísimo. El percatarme de cuán fácilmente podemos dejarnos guiar por nuestra cabeza y permitir que el razonamiento nos mantenga fuera de la voluntad de Dios me provocó un temor "reverente" por el razonamiento.

Recuerda, de acuerdo con 1 Corintios 2:14, el hombre natural no comprende al hombre espiritual. Mi mente carnal (el hombre natural) no entendía de regalar un vestido nuevo que jamás había usado, pero mi espíritu (mi hombre espiritual) lo entendió muy bien.

Espero que este ejemplo te haga comprender mejor este aspecto, y te ayude a andar en la voluntad de Dios más que nunca antes.

(De paso, como sé que probablemente te estarás preguntando si le regalé el vestido rojo a Ruth Ann, te diré que sí, y que ahora ella trabaja en nuestra oficia a tiempo completo y todavía lo usa para trabajar ocasionalmente.)

## ¡Sé un hacedor de la Palabra!

*Sed hacedores de la Palabra [obedece el mensaje] y no solamente oidores que se engañan a sí mismos [razonando en contra de la Verdad].*

Santiago 1:22

En cualquier momento en que vemos lo que la Palabra dice, y nos negamos a hacerlo, de alguna manera se ha mezclado algún razonamiento en ello y nos ha engañado para que creamos algo diferente de la verdad. Nunca será demasiado el tiempo que dediquemos a tratar de entender (mentalmente) todo lo que dice la Palabra. Si damos testimonio en el espíritu, podemos seguir adelante y hacer lo que sea.

He descubierto que Dios quiere que lo obedezca tanto si lo siento así como si no, si lo deseo o no, si pienso que es una buena idea o no lo creo.

Cuando Dios habla, mediante Su Palabra o en nuestro interior, no tenemos que razonar, debatir o preguntarnos si lo que Él ha dicho es lógico.

*Cuando Dios habla, tenemos que movilizarnos, no razonar.*

## Confía en Dios, no en la razón humana

*Confía en el Señor con todo tu corazón, y no te apoyes en tu propio entendimiento.*

Proverbios 3:5

En otras palabras, no te apoyes en ningún razonamiento. Razonar le abre la puerta al engaño y trae mucha confusión.

Una vez le pregunté al Señor por qué había tanta gente confundida, y Él me contestó: "Diles que dejen de tratar de comprenderlo todo, y dejarán de estar confundidos". He descubierto que eso es una verdad absoluta. El razonamiento y la confusión andan siempre juntos.

Tú y yo podemos ponderar una cosa en nuestro corazón, podemos tenerla delante de Dios y ver si Él desea darnos entendimiento, pero en el momento en que empecemos a sentirnos confundidos, hemos ido demasiado lejos.

Razonar es peligroso por muchas razones, pero una de ellas es esta: podemos razonar e imaginarnos que hemos comprendido algo porque tiene sentido para nosotros nuestra explicación. Pero lo que hemos razonado que es la solución correcta, puede no serlo.

A la mente humana le gusta la lógica y el orden y la razón. Le gusta tratar con lo que entiende. Por consiguiente, tenemos tendencia a poner la cosas en casillas, en los compartimientos de nuestra mente, pensando: "Esto tiene que ser así, porque encaja muy bien en este lugar". Podemos encontrar una solución que deja enteramente satisfecha a nuestra mente razonadora y que sin embargo está por completo equivocada.

En Romanos 9:1 el apóstol Pablo dijo: *Digo la verdad en Cristo, no miento, dándome testimonio mi conciencia [iluminada y estimulada] en el Espíritu Santo.* Pablo sabía que estaba haciendo lo correcto, no porque su razón le dijera que era verdad, sino por el testimonio de su espíritu.

Como hemos visto, la mente, a veces, ayuda al espíritu. La mente y el espíritu obran juntos, pero el espíritu es un órgano más noble y siempre debe tener preeminencia sobre la mente.

Si sabemos en nuestro espíritu que una cosa está mal, no debemos permitir que el razonamiento nos convenza para hacerla. Asimismo, si sabemos que algo es correcto, no podemos permitir que el razonamiento nos convenza para no hacerlo.

Dios nos da entendimiento en muchas cosas, pero no tenemos que entenderlo todo para andar con el Señor y en obediencia a Su voluntad. Hay ocasiones en que Dios deja enormes incógnitas en nuestras vidas como instrumentos para que crezca nuestra fe. Las preguntas sin respuestas crucifican la vida carnal. Es difícil para los seres humanos dejar a un lado el razonamiento y sencillamente creer en Dios, pero una vez que se lleva a cabo el proceso, la mente entra en un lugar de descanso.

El razonar es una de la "actividades oficiosas" en que se ocupa la mente y que impiden alcanzar discernimiento y revelación. Hay una enorme diferencia entre el conocimiento intelectual y el conocimiento revelado.

No sé tú, pero yo quiero que Dios me revele cosas de un modo tal que yo *sepa* en mi espíritu que lo que me ha sido revelado en mi mente es correcto. No deseo razonar, imaginar, ni ser lógica, dándole vueltas y vueltas a un asunto en la mente hasta quedar exhausta y confusa. Deseo sentir en mi mente y en mi corazón la paz que viene de confiar en Dios, no de mi propio ingenio y entendimiento.

Tú y yo podemos crecer hasta llegar adonde nos sintamos satisfechos de conocer a Aquél que sabe, aunque nosotros mismos no sepamos.

## Decídete a conocer nada más que a Cristo

*Cuando fui a vosotros, hermanos, proclamándoos el testimonio de Dios [con respecto a lo que Él había hecho mediante Cristo por la salvación del hombre], no fui con superioridad de palabra o de sabiduría; pues nada me propuse saber (estar familiarizado con nada, hacer alarde de conocer nada, y estar consciente de nada) entre vosotros, excepto a Jesucristo (el Mesías), y éste crucificado.*

1 Corintios 2:1-2

Esta era la forma en que Pablo abordaba el conocimiento y el razonamiento, y yo he llegado a comprenderla y apreciarla. Me tomó mucho tiempo, pero al final comprendí que en muchos casos, mientras menos sepa, más feliz soy. Algunas veces descubrimos tanto que nos hace muy infelices.

Yo era una persona sumamente curiosa e inquisitiva. Tenía que entenderlo todo para sentirme satisfecha. Dios me empezó a mostrar que mi razonar constante era la base de mi confusión y que me estaba impidiendo recibir lo que Él deseaba darme. Me dijo: "Joyce, tiene que dejar a un lado el razonamiento carnal si alguna vez esperas llegar a tener discernimiento".

Ahora comprendo que me sentía más segura si entendía todas las cosas. No quería ningún cabo suelto en mi vida. Deseaba tener el control de todo; y cuando no lo entendía todo, sentía que no tenía control; me atemorizaba. Pero me faltaba algo. No tenía paz en mi mente y físicamente me agotaba razonando.

Este tipo de continua actividad mental indebida llegará incluso a agotar el cuerpo físico. ¡Te puede dejar exhausto!

Dios me precisó para que desistiera, y yo le recomiendo muy encarecidamente lo mismo a cualquiera que sea adicto a razonar. Sí, dije *adicto* a razonar. Podemos volvernos adictos a la actividad mental indebida lo mismo que otro puede hacerse adicto al alcohol, las drogas o la nicotina. Yo era adicta a razonar y cuando renuncié a ello, tuve síntomas de carencia como los drogadictos. Me sentí perdida y asustada porque no sabía lo que estaba sucediendo. Llegué a sentirme aburrida.

Me había pasado tanto tiempo razonando, que cuando desistí de hacerlo, tuve que acostumbrarme a que mi mente estuviera en reposo. Durante un tiempo pareció aburrido, pero ahora me encanta. A pesar de que antes tenía funcionando mi mente todo el tiempo razonándolo todo, ahora no puedo soportar el esfuerzo y la angustia de razonar.

El razonar no es la condición normal en que Dios quiere que nuestra mente permanezca.

Date cuenta de que no es normal que la mente esté llena de razonamientos. Al menos, no para el cristiano que trata de conseguir la victoria; el creyente que intenta ganar la guerra que se libra en el campo de batalla de la mente.

## NOTAS

1. *Webster's II New Riverside University Dicionary,* s.v. "reason".

# 11

# *Una mente dubitativa e incrédula*

*..."Hombre de poca fe ¿por qué dudaste?"*

Mateo 14:31

*...Y estaba maravillado de la incredulidad de ellos.*

Marcos 6:6

Por lo regular hablamos acerca de la duda y la incredulidad al mismo tiempo, como si fueran una sola y misma cosa. En realidad, aunque pueden estar conectadas, son dos cosas muy diferentes.

El *Vine's Expository Dictionary of Old and New Testament Words* define en parte el verbo *dudar* como "situarse en una posición dual ... que implica incertidumbre en cuanto a qué camino tomar; ... se dice de los creyentes cuya fe es poca ... estar ansioso, por causa de un estado mental distraído, de vacilar entre la esperanza y el temor..."[1]

El mismo diccionario observa que una de las dos palabras griegas que se traducen como *incredulidad* "siempre se traduce como 'desobediencia' en la R.V." (la Versión Revisada de la traducción King James).[2]

Cuando miramos entonces a estos dos poderosos instrumentos del enemigo, vemos que la duda hace que una persona vacile entre dos opiniones, mientras que la incredulidad conduce a la desobediencia.

Pienso que será útil ser capaz de reconocer exactamente con qué está tratando de atacarnos el diablo. ¿Estamos lidiando con la duda o con la incredulidad?

## La duda

*..."¿Hasta cuándo vacilaréis entre dos opiniones?"*

1 Reyes 18:21

Yo escuché una historia que arrojará luz sobre la duda.

Había un hombre que estaba enfermo y que estaba confesando la Palabra con respecto a su cuerpo, citando Escrituras de sanidad y creyendo que su sanidad se manifestaría. Mientras hacía esto, intermitentemente lo atacaban pensamientos de duda.

Después que había pasado muy mal rato y estaba empezando a desalentarse, Dios abrió sus ojos al espíritu del mundo. Esto es lo que vio: un demonio le decía mentiras, afirmándole que no se sanaría y que confesar la palabra no daría resultado. Pero también vio que cada vez que él confesaba la Palabra, de su boca salía una luz como una espada, y el demonio se acobardaba y caía hacia atrás.

Mientras Dios le mostraba esta visión, el hombre comprendió por qué era tan importante mantenerse diciendo la Palabra. Vio que él sí tenía fe, que era por lo que el demonio lo atacaba con dudas.

La duda no es algo que Dios pone en nosotros. La Biblia dice que Dios da a cada hombre una *...medida de fe* (Romanos 12:3). Dios ha puesto fe en nuestro corazón, pero el diablo trata de negar nuestra fe atacándonos con la duda.

La duda viene en forma de pensamientos que están opuestos a la Escritura. Por eso es tan importante que conozcamos la Palabra de Dios. Si conocemos la Palabra, podemos darnos cuenta de cuándo el diablo nos está mintiendo. Ten por seguro que él nos miente para robarnos lo que Jesús compró para nosotros mediante Su muerte y resurrección.

## La duda y la incredulidad

*[Porque contra toda humana razón, Abraham] creyó en esperanza contra esperanza, a fin de llegar a ser padre de muchas naciones, conforme a lo que se le había dicho: "Así [de innumerable] será tu descendencia."*

*Y sin debilitarse en la fe, contempló [la suma impotencia de] su propio cuerpo, que ya estaba como muerto puesto que tenía como cien años, y [cuando consideró] la esterilidad de la matriz [mortecina] de Sara; sin embargo, respecto a la promesa de Dios, Abraham no titubeó (dudando) con incredulidad, sino que se fortaleció en la fe, dando gloria a Dios, y estando plenamente convencido de que lo que Dios había prometido, poderoso era también para cumplirlo.*

Romanos 4:18-21

Cuando estoy en una batalla, sabiendo lo que Dios ha prometido y no obstante siendo atacada con dudas e incredulidad, me gusta leer o meditar en este pasaje.

Abraham había recibido una promesa de Dios, de que Él le haría tener un heredero de su propio cuerpo. Muchos años habían pasado y todavía no había nacido un hijo de la relación entre Abraham y Sara. Abraham todavía se mantenía en fe, creyendo que lo que Dios había dicho sucedería. Mientras se sostenía, lo atacaban pensamientos de duda, y el espíritu de incredulidad lo presionaba para que desobedeciera a Dios.

La desobediencia en una situación como ésta puede ser simplemente darse por vencido cuando Dios nos estimula a seguir adelante. La desobediencia es hacer caso omiso de la voz del Señor, o cualesquiera cosas que Dios nos esté diciendo personalmente, no sólo transgredir los Diez Mandamientos.

Abraham continuaba firme. Seguía alabando y dando gloria a Dios. La Biblia afirma que en tanto lo hacía, se fortalecía en fe.

Ves, cuando Dios nos dice algo o nos pide que hagamos algo, la fe para creerlo o hacerlo viene con la Palabra de Dios. Sería ridículo de parte de Dios esperar que hagamos algo y no darnos la capacidad para creer que podemos hacerlo. Satanás sabe cuán peligrosos seremos con un corazón lleno de fe, así que nos ataca con duda e incredulidad.

*No se trata de que no tengamos fe, sino de que Satanás está tratando de destruir nuestra fe con mentiras.*

Déjame ponerte un ejemplo. Se trata de la época en que recibí mi llamado al ministerio. Era una mañana común y corriente como otra cualquiera, excepto que el Espíritu Santo me había llenado tres semanas antes. Acababa de escuchar mi primera cinta magnetofónica de enseñanza. Era un mensaje del ministro Ray Mossholder titulado "Pasa por encima hacia el otro lado". Me sentía exaltada y asombrada de que alguien pudiera enseñar durante toda una hora de un solo versículo y que toda su enseñanza fuera interesante.

Estaba tendiendo mi cama, cuando de repente sentí un intenso deseo muy dentro de mí de enseñar la Palabra de Dios. Entonces la voz del Señor me dijo: "Irás por todas partes predicando Mi Palabra, y tendrás un gran ministerio de enseñanza por casetes".

No habría habido ninguna razón natural para que yo creyera que Dios me había hablado en realidad, o que yo pudiera o llegara a hacer lo que pensé que acababa de oír. Tenía muchos problemas dentro de mí. Yo no hubiera parecido "material ministerial", pero Dios escoge lo débil y lo necio del mundo para avergonzar a lo sabio y lo fuerte (1 Corintios 1:27.) Él mira al corazón del hombre y no a la apariencia exterior (1 Samuel 16:7.) Si el corazón es recto, Dios puede cambiar la apariencia.

Aunque nada en lo natural indicaba que yo debía creer, cuando el deseo me sobrevino, yo estaba llena de fe en que yo podría hacer lo que el Señor deseaba que hiciera. Cuando Dios llama, nos da el deseo, la fe y la capacidad para hacer la obra. Pero también quiero contarle que durante los años que pasé entrenándome y aguardando, el diablo me atacaba regularmente con duda e incredulidad.

Dios pone sueños y visiones en los corazones de Su pueblo; empiezan como "semillitas". Tal como una mujer tiene una semilla plantada en su matriz cuando queda embarazada, así podemos decir que nos "embarazamos" de las cosas que Dios habla y promete. Durante el "embarazo" Satanás se esfuerza duro para tratar de que "abortemos" nuestros sueños. Una de las herramientas que usa es la duda; la otra, es la incredulidad. Ambas trabajan contra la mente.

La fe es un producto del espíritu; es una fuerza espiritual. El enemigo no quiere que tú y yo pongamos nuestra mente de acuerdo con nuestro espíritu. Él sabe que si Dios pone fe en nosotros para hacer una cosa, y somos optimistas y perseveramos en creer que realmente podemos hacerlo, le haremos un daño considerable a su reino.

## ¡Sigue andando sobre el agua!

*Pero la barca estaba ya a muchos estadios [un estadio es un octavo de milla] de tierra, y era azotada por las olas, porque el viento era contrario.*

*Y a la cuarta vigilia de la noche [entre las 3:00 y las 6:00 a.m.], Jesús vino a ellos andando sobre el mar. Y los discípulos, viéndole andar sobre el mar, se turbaron y decían: "¡Es un fantasma!" Y de miedo, se pusieron a gritar.*

*Pero enseguida Jesús les habló, diciendo: "Tened ánimo, soy yo; no temáis".*

*Respondiéndole Pedro, dijo: "Señor, si eres tú, mándame que vaya a ti sobre las aguas";*

*Y Él dijo: "Ven." Y descendiendo Pedro de la barca, caminó sobre las aguas, y fue hacia Jesús.*

*Pero viendo la fuerza del viento tuvo miedo, y empezando a hundirse gritó, diciendo: "¡Señor, sálvame [de la muerte]!"*

*Y al instante Jesús, extendiendo la mano, lo sostuvo y le dijo: "Hombre de poca fe, ¿por qué dudaste?".*
**Cuando ellos subieron a la barca, el viento se calmó.**

Mateo 14:24-32

Subrayé el último versículo porque quiero llamar tu atención al programa del enemigo esbozado en este pasaje. Pedro bajó de la barca obedeciendo la orden de Jesús para hacer algo que él nunca había hecho antes. De hecho, nadie nunca lo había hecho excepto Jesús.

*¡Eso requirió fe!*

Pedro cometió un error; dedicó mucho tiempo a observar la tormenta. Se asustó. La duda y la incredulidad lo abrumaron, y comenzó a hundirse. Clamó a Jesús para que lo salvara, y Él lo hizo. Pero observa que la tormenta cesó *¡en cuanto Pedro regresó a la barca!*

¿Recuerdas en Romanos 4:18-21 donde Abraham no vaciló cuando consideró sus condiciones imposibles? Abraham conocía sus condiciones, pero a diferencia de Pedro, no creo que pensara en ellas o hablara de ellas todo el tiempo. Tú y yo podemos estar conscientes de nuestras situaciones y, no obstante, mantener a propósito nuestra mente en algo que nos edifique a nosotros y nuestra fe.

Es por eso que Abraham se mantenía ocupado dándole alabanza y gloria a Dios. Lo glorificamos cuando seguimos haciendo lo que sabemos está bien, aún en circunstancias adversas. Efesios 6:14 nos enseña que en un momento de guerra espiritual, tenemos que ceñirnos el cinto de la verdad.

Cuando la tormenta llega a tu vida, clava los talones, endurece tu rostro como una piedra y ¡toma la determinación de permanecer fuera de la barca! Muy a menudo la tormenta cesa en cuanto te das por vencido y retrocedes gateando hasta un lugar seguro.

El diablo provoca tormentas en tu vida para intimidarte. Durante una tormenta, recuerda que la mente es el campo de batalla. No tomes decisiones basadas en tus pensamientos o sentimientos, sino comprueba primero con tu espíritu. Cuando lo hagas, encontrarás la misma visión que estaba allí al principio.

## ¡No se permiten vacilaciones!

*Pero si alguno de vosotros se ve falto de sabiduría, que la pida a Dios, el cual da a todos abundantemente y sin reproche, y le será dada.*

*Pero que pida con fe, sin dudar (sin vacilar, sin titubear); porque el que duda (vacila, titubea) es semejante a la ola del mar, impulsada por el viento y echada de una parte a otra.*

*No espere, pues, ese hombre, que recibirá cosa alguna [que pida] del Señor.*

Santiago 1:5-7

Mi pastor, Rick Shelton, cuenta cuán confundido se sintió cuando trató de decidir lo que haría después de graduarse de la escuela bíblica. Dios había puesto en su corazón un fuerte impulso de regresar a San Luis, Missouri, después de graduarse, e iniciar una iglesia local, lo cual él planeaba hacer. Sin embargo, cuando llegó el momento de ir, tenía aproximadamente cincuenta dólares en el bolsillo, una esposa, un hijo y otro en camino. Era obvio que su situación no era muy buena.

Cuando trataba de tomar una decisión, recibió dos magníficas ofertas para unirse al cuerpo oficial de otros dos grandes y bien establecidos ministerios. Su salario hubiera sido bueno. Las oportunidades del ministerio eran atractivas y, por si fuera poco, el sólo honor de trabajar para cualquiera de esos ministerios hubiese bastado para reforzar su ego. Mientras más lo pensaba, más confundido se sentía. (Todo parece indicar que el demonio de la duda lo estaba visitando, ¿verdad?)

En un momento estaba absolutamente seguro de lo que quería hacer, y ahora *vacilaba* entre diferentes opciones. Puesto que su situación no favorecía regresar a San Luis, era tentador aceptar una de las otras ofertas, pero no podía sentir paz respecto a tomar alguno de estos caminos. Por fin le pidió consejo a uno de los pastores que le habían ofrecido empleo, y el hombre le contestó sabiamente: "Vete a algún lugar, quédate tranquilo y callado, entonces silencia tu cabeza y busca dentro de tu corazón, mira lo que hay ahí, ¡y hazlo!"

Cuando siguió el consejo del pastor, enseguida encontró que su corazón estaba en la iglesia en San Luis. No sabía cómo podría hacerlo con lo que tenía en la mano, pero siguió adelante obediente, y los resultados fueron maravillosos.

Hoy en día, Rick Shelton es el fundador y pastor decano del Centro de Vida Cristiana en San Luis, Missouri. Actualmente el Centro de Vida Cristiana es una iglesia de aproximadamente tres mil personas con alcance mundial. Miles de vidas han sido bendecidas y transformadas a lo largo de los años por medio de este ministerio. Yo fui pastora asociada allí durante cinco años, y mi ministerio, "Vida en la Palabra", nació durante ese tiempo. Calcula cuánto hubiera robado el diablo por medio de la duda y la incredulidad si el pastor Shelton se hubiese dejado conducir por su cabeza en lugar de su corazón.

## La duda es una elección

*Por la mañana, cuando regresaba a la ciudad, tuvo hambre.*

*Y al ver una higuera junto al camino, se acercó a ella, pero no halló nada en ella, sino sólo hojas, y le dijo: "Nunca jamás brote fruto de ti." Y al instante se secó la higuera.*

*Al ver esto, los discípulos se maravillaron y decían:*
*"¿Cómo es que la higuera se secó al instante?"*

*Respondiendo Jesús, les dijo: "En verdad os digo*
*que si tenéis fe (una confianza firme en qué apoyarse)*
*y no dudáis, no sólo haréis lo de la higuera, sino que*
*aun si decís a este monte: 'Quítate y échate en el mar',*
*así sucederá.*

*"Y todo lo que pidáis en oración, creyendo [de*
*veras], lo recibiréis".*

Mateo 21:18-22

Cuando Sus discípulos se maravillaron y le preguntaron a
Jesús cómo Él era capaz de destruir la higuera con sólo una
palabra, Él les contestó en esencia: *Si tenéis fe y no dudáis,*
podréis hacer lo mismo que le hice a la higuera; y cosas aun
mayores" (Ver Juan 14:12).

Hemos establecido que la fe es el don de Dios, así que sabemos
que tenemos fe (Romanos 12:3.) Pero la duda es una elección. Es
la táctica de guerra del diablo contra nuestras mentes.

Puesto que puedes escoger tus propios pensamientos, cuando te asalte la duda debes aprender a reconocerla por lo que
es, decir "No, gracias"... ¡y seguir creyendo!

¡Eres tú quien *escoge!*

## La incredulidad es desobediencia

*Cuando llegaron a la multitud, se le acercó un hom-*
*bre, que arrodillándose delante de Él, dijo: "Señor,*
*ten misericordia de mi hijo, porque es epiléptico y está*
*muy enfermo, porque muchas veces cae en el fuego y*
*muchas en el agua.*

*"Y lo traje a tus discípulos y ellos no pudieron*
*curarlo".*

*Respondiéndole Jesús, dijo: "¡Oh generación incrédu-*
*la y perversa! ¿Hasta cuándo estaré con vosotros?*

*¿Hasta cuándo os tendré que soportar? Traédmelo acá". Y Jesús lo reprendió y el demonio salió de él, y el muchacho quedó curado desde aquel momento.*
*Entonces los discípulos, llegándose a Jesús en privado, dijeron: "¿Por qué nosotros no pudimos expulsarlo?" Y Él les dijo: "Por vuestra poca fe ..."*

Mateo 17:14-20

Recuerda que la incredulidad conduce a la desobediencia.

Quizás Jesús les había enseñado a Sus discípulos ciertas cosas que debían hacer en estos casos, y su incredulidad hizo que lo desobedecieran; por lo tanto, no tuvieron éxito.

En todo caso, el punto es que la incredulidad, como la duda, nos impedirá hacer lo que Dios nos ha llamado a llevar a cabo en la vida, para lo cual nos ha ungido. También nos impedirá sentir la paz que Él desea que disfrutemos cuando encontramos reposo para nuestras almas en Él (Mateo 11:28-29).

## Un descanso sabático

*Por tanto, esforcémonos por entrar en ese reposo [de Dios, para saber y experimentarlo por nosotros mismos], no sea que alguno caiga siguiendo el mismo ejemplo de desobediencia [en el cual cayeron aquéllos en el desierto].*

Hebreos 4:11

Si leemos todo el capítulo cuarto del libro de Hebreos, encontraremos que habla de un reposo sabático que está disponible para el pueblo de Dios. Bajo el Antiguo Testamento, el sábado se observaba como un día de reposo. Bajo el Nuevo Testamento, este reposo sabático del que se habla es un lugar espiritual de reposo. Todo creyente tiene el privilegio de negarse a preocuparse o sentir ansiedad. Como creyentes, tú y yo podemos entrar en el reposo de Dios.

Una observación cuidadosa de Hebreos 4:11 revela que jamás entraremos en ese reposo excepto creyendo, y lo perderemos dudando y desobedeciendo. La incredulidad nos mantendrá "viviendo en el desierto", pero Jesús ha proporcionado un lugar permanente de reposo, uno que puede ser habitado sólo mediante el vivir por fe.

## Viviendo por fe y para fe

*Porque en el Evangelio la justicia de Dios se revela por fe y para fe; como está escrito: "Mas el justo por la fe vivirá".*

Romanos 1:17

Recuerdo un incidente que puede aclarar definitivamente este asunto. Un anochecer yo andaba por mi casa tratando de cumplimentar quehaceres de la casa, y me sentía muy infeliz. No sentía gozo alguno; no había paz en mi corazón. No hacía más que preguntarle al Señor: "¿Qué anda mal en mí?" Con frecuencia me sentía así, y sinceramente deseaba saber cuál era mi problema. Estaba intentando seguir todas las cosas tal como las aprendía en mi andar con Jesús, pero era seguro que algo faltaba.

En eso sonó el teléfono y, mientras hablaba, repasaba una caja de tarjetas con versículos de la Biblia que alguien me había enviado. No estaba realmente fijándome en ninguna, sino sólo barajándolas mientras hablaba por teléfono. Cuando colgué, decidí escoger una al azar y ver si podía sacar algún aliento de ella.

Saqué Romanos 15:13, *Y el Dios de la esperanza os llene de todo gozo y paz en el creer [a través de la experiencia de tu fe], para que abundéis [reboséis, desbordéis] en esperanza por el poder del Espíritu Santo.*

*¡Lo vi todo claro!*

Todo mi problema era la duda y la incredulidad. Me estaba haciendo infeliz creyendo las mentiras del diablo. Estaba siendo pesimista y negativa. No podía tener gozo ni paz porque no estaba creyendo. Es imposible tener gozo y paz y vivir en incredulidad.

*¡Toma la decisión de creerle a Dios y no al diablo!*

Aprende a vivir por fe y para fe. De acuerdo con Romanos 1:17, esa es la forma en que se revela la justicia de Dios. El Señor tuvo que revelarme que en lugar de vivir por fe para fe, con frecuencia yo vivía de fe, a duda, a incredulidad. Yo iba hacia delante y atrás, de la una a la otra. Por eso tenía tantos problemas e infelicidad en mi vida.

Recuerda, de acuerdo con Santiago 1:7-8, el hombre de doble ánimo es inestable en todos sus caminos y nunca recibe lo que desea del Señor. Hazte el propósito de que no vas tener doble ánimo; ¡no vivas en duda!

Dios tiene una vida estupenda planeada para ti. ¡No permitas que el diablo te la robe con sus mentiras! En lugar de eso, *... destruyendo especulaciones y todo razonamiento altivo que se levanta contra el [verdadero] conocimiento de Dios, y poniendo todo pensamiento en cautiverio a la obediencia de Cristo (el Mesías, el Ungido) (2 Corintios 10:5).*

## NOTAS

1. W.E. Vine, *Vine's Expository Dictionary of Old and New Testament Words* (Old Tappan: Fleming H. Revell, 1981), Vol. A:A Dys, p. 335.
2. Ibid., Vol. 4: Set-Z, p. 165.

# 12

# Una mente ansiosa y preocupada

*Deja la ira y el furor; no te irrites,*
*sólo harías lo malo.*

Salmo 37:8

La ansiedad y la preocupación son ambas ataques a la mente destinados a distraernos de servir al Señor. El enemigo también emplea estos dos tormentos para aplastar nuestra fe, de modo que no pueda erguirse y ayudarnos a vivir en victoria.

Algunas personas tienen un problema tan grande con la preocupación que puede decirse que son adictos a preocuparse. Si no tienen algo propio por qué preocuparse, se preocupan por la situación de algún otro. Yo tenía este problema, así que sé de qué estoy hablando cuando describo la situación.

Como estaba constantemente preocupándome por algo, jamás disfrutaba de la paz que Jesús me había comprado con su muerte.

*Es absolutamente imposible preocuparse y vivir en paz al mismo tiempo.*

La paz no es algo que pueda ponerse en una persona; es un fruto del Espíritu (Gálatas 5:22), y el fruto es el resultado de morar en la vid. (Juan 15:4). El morar se relaciona con entrar en el "reposo de Dios" de que se habla en el capítulo cuatro de Hebreos, así como en otros lugares de la Palabra de Dios.

Hay muchos términos en la Biblia referentes a preocuparse, dependiendo de qué traducción estemos leyendo. La *Versión Reina-Valera* no usa la palabra "preocuparse". Además de "no te irrites" (Salmo 37:8), otras frases que se emplean para advertir contra la preocupación son "no os afanéis" (Mateo 6:25), "por nada estéis afanosos" (Filipenses 4:6) y "echando toda vuestra ansiedad sobre Él" (1 Pedro 5:7). Yo uso generalmente *La Biblia Amplificada,* que incluye varias traducciones diferentes de estas y otras frases relativas al tema. A fin de simplificar la enseñanza en el resto de este capítulo, me referiré a la condición como "preocupación".

## Para definir la preocupación

El diccionario define el término preocuparse como sigue: "Ocupar el pensamiento algo que produce temor, ansiedad, etcétera ... Sentirse inquieto o turbado. ..."[1] También lo he oído definir como atormentarse uno mismo con pensamientos perturbadores.

Cuando vi la parte relativa a atormentarse uno mismo con pensamientos perturbadores, decidí en ese momento que yo era más lista que eso. Creo que cada cristiano lo es. Pienso que los creyentes tienen más sabiduría que para sentarse por ahí a atormentarse ellos mismos.

Preocuparse ciertamente nunca mejora cosa alguna, así que ¿por qué no renunciar a ello?

Ponderando la definición, saqué la siguiente conclusión: el diablo usa la preocupación para maltratarnos. Cuando he luchado un asalto con la preocupación, aunque sea por pocas horas, me siento estropeada. La repetición de los pensamientos que vienen y no nos sueltan, son como si nos mordieran repetidas veces.

La preocupación definitivamente es un ataque de Satanás sobre la mente. Hay ciertas cosas que se le enseñan al creyente qué debe hacer con su mente, y el enemigo quiere asegurarse de que no puedan cumplirse jamás. Así que el diablo intenta mantener la arena mental suficientemente ocupada con la clase de cosas indebidas que impiden que la mente llegue nunca a ser usada con el propósito para el cual Dios la creó.

Hablaremos de las cosas correctas que se deben hacer con la mente en un próximo capítulo, pero por ahora déjame continuar nuestro estudio de la preocupación hasta que alcancemos una total revelación de lo inútil que es en realidad.

Mateo 6:25-34 es una excelente Escritura para leer cuando sentimos que se nos avecina un "ataque de preocupación". Miremos a cada uno de estos versículos por separado, para ver lo que el Señor nos está diciendo respecto a este tema vital.

## ¿No es la vida mayor que las cosas?

> *Por eso os digo, no os preocupéis [estéis ansiosos y preocupados] por vuestra vida, qué comeréis o qué beberéis; ni por vuestro cuerpo, qué vestiréis. ¿No es la vida más [en calidad] que el alimento, y el cuerpo [muy por encima y excelente] más que la ropa?*

Mateo 6:25

La vida está destinada a ser de tal calidad que la disfrutemos inmensamente. En Juan 10:10 Jesús dice: *El ladrón sólo viene para robar y matar y destruir; yo he venido para que tengan vida, y para que la tengan en abundancia (plenamente, hasta que desborde).* Satanás intenta robar esta vida de nosotros en muchas formas; una de ellas es la preocupación.

En Mateo 6:25 se nos enseña que no hay en la vida nada por lo que tengamos que preocuparnos; ¡ni un solo aspecto de ella! La clase de vida que Dios nos ha preparado incluye todas esas otras cosas, pero si nos preocupamos por las cosas, entonces las perdemos así como la vida que Él nos había destinado para disfrutar.

## ¿No valéis vosotros más que un pájaro?

*Mirad las aves del cielo, que no siembran, ni siegan, ni recogen en graneros; y sin embargo, vuestro Padre celestial las alimenta. ¿No sois vosotros de mucho más valor que ellas?*

Mateo 6:26

Nos haría mucho bien a todos el dedicar algún tiempo a observar los pájaros. Eso es lo que nuestro Señor nos dijo que hiciéramos.

Si no todos los días, al menos alguna que otra vez nos hace falta observar y recordarnos a nosotros mismos lo bien cuidados que están nuestros amigos emplumados. Literalmente no saben de dónde vendrá su próxima comida; sin embargo, yo personalmente jamás he visto un pájaro posado en una rama con un colapso nervioso a causa de la preocupación.

El razonamiento del Maestro aquí es muy simple: *"¿No valen ustedes más que un pájaro?"*

Aunque estés luchando contra una baja estima propia, seguramente puedes creer que vales más que un pájaro, y ver lo bien que tu Padre celestial cuida de ellos.

## ¿Qué ganas con preocuparte?

*¿Y quién de vosotros podrá, por mucho que se afane, añadir a su estatura un codo?*

Mateo 6:27, (R.V.)

Muy pronto se hace evidente que la preocupación es inútil. No resuelve nada bueno. Si es así, entonces ¿para qué preocuparse, por qué estar ansioso?

## ¿Para qué estar ansioso?

*Y por la ropa, ¿por qué os preocupáis? Observad cómo crecen los lirios del campo; no trabajan, ni hilan; pero os digo que ni Salomón en toda su gloria (excelencia, dignidad y gracia) se vistió como uno de éstos.*

*Y si Dios viste así la hierba del campo, que hoy es y mañana es echada al horno, ¿no hará mucho más por vosotros, hombres de poca fe?*

Mateo 6:28-30

Usando la ilustración de una de Sus creaciones, el Señor hace evidente que si una flor, que nada hace, puede ser tan bien cuidada y lucir tan bien que sobrepasa incluso a Salomón en toda su majestad, nosotros con toda seguridad podemos creer que nos cuidará y nos proporcionará todo lo que nos haga falta.

## Por lo tanto ¡no te preocupes ni estés ansioso!

*Por tanto, no os preocupéis, diciendo: "¿Qué comeremos?" o "¿qué beberemos?" o "¿con qué nos vestiremos?"*

Mateo 6:31

Me gusta ampliar este versículo un poquito e incluir otra pregunta más: "¿qué haremos?".

Pienso que Satanás manda demonios cuyo único trabajo no es otra cosa que repetir esa frase en el oído del creyente durante todo el día. Ellos disparan preguntas difíciles, y el creyente desperdicia su precioso tiempo intentando encontrar una respuesta. El diablo está librando constantemente una guerra en el campo de batalla de la mente, con la esperanza de que el cristiano se enzarce en un largo y costoso combate de desgaste.

Observa esa parte del versículo 31 en que el Señor nos amonesta a no preocuparnos ni estar ansiosos. Recuerda que de la abundancia del corazón habla la boca (Mateo 12:34). El enemigo sabe que si consigue meternos en la cabeza suficientes cosas erradas, al final terminarán por salir por nuestra boca. Nuestras palabras son muy importantes porque confirman nuestra fe... o en algunos casos, nuestra falta de fe.

## Busca a Dios, no dones

*Porque los gentiles (paganos) buscan ansiosamente todas estas cosas; que vuestro Padre celestial sabe que necesitáis todas estas cosas.*

*Pero buscad primero (apuntad a y esforzaos por) Su reino y Su justicia (Su modo de hacer y de ser justo), y todas estas cosas os serán añadidas.*

Mateo 6:32-33

¡Está claro que los hijos de Dios no han de ser como el mundo! El mundo busca conseguir cosas, pero nosotros hemos de buscar al Señor. Él ha prometido que si hiciéramos eso, Él nos añadirá todas esas cosas que Él sabe que nosotros necesitamos.

*¡Hemos de aprender a buscar el rostro de Dios y no Su mano!*

Nuestro Padre celestial se deleita dándoles a Sus hijos buenas cosas, pero sólo si no estamos buscándolas.

Dios sabe las que necesitamos antes de que las pidamos. Si sencillamente le hacemos saber nuestras peticiones (Filipenses 4:6), Él nos las concederá a Su propio buen tiempo. La preocupación no ayudará a nuestra causa en absoluto. De hecho, obstaculizará nuestro progreso.

## Toma los días uno por uno

*Por tanto, no os preocupéis por el día de mañana;*
*porque el día de mañana se cuidará de sí mismo.*
*Bástele a cada día sus propios problemas.*

Mateo 6:34

Me gustaría describir la preocupación o la ansiedad como gastar el día de hoy tratando de resolver el de mañana. Aprendamos a emplear el tiempo que Dios nos ha dado para lo que Él lo destinó.

*La vida es para vivirla; ¡aquí y ahora!*

Es triste que muy poca gente sepa cómo vivir a plenitud cada día. Pero tú puedes ser uno de ellos. Jesús dijo que Satanás, el enemigo, viene a robar tu vida (Juan 10:10.) ¡No le permitamos seguir haciéndolo! No malgastes el día de hoy preocupándote por el de mañana. Tienes bastantes cosas entre manos hoy, que necesitan tu atención. La gracia de Dios está en ti para manejar lo que te haga falta hacer hoy, pero la gracia de mañana no vendrá hasta que llegue mañana... ¡así que no malgastes el día de hoy!

## No estéis afanosos

*Por nada estéis afanosos; antes bien, en todo, me-*
*diante oración y súplica con acción de gracias, sean*
*dadas a conocer vuestras peticiones delante de Dios.*

Filipenses 4:6

Esta es otra buena Escritura para estudiar cuando llegue un "ataque de preocupación".

Recomiendo muy encarecidamente decir en alta voz la Palabra de Dios. Ella es la espada de dos filos que hemos de blandir contra el enemigo (Hebreos 4:12; Efesios 6:17.) Una espada en su vaina no nos hará ningún bien durante un ataque.

Dios nos ha dado Su Palabra, *¡úsala!* Aprende Escrituras como ésta y cuando el enemigo te ataque, contraataca con la misma arma que Jesús empleó: *¡la Palabra!*

## Derriba argumentos

*...destruyendo especulaciones y todo razonamiento altivo que se levanta contra el [verdadero] conocimiento de Dios, y poniendo todo pensamiento en cautiverio a la obediencia de Cristo (el Mesías, el Ungido).*

2 Corintios 19:5

Cuando los pensamientos que se nos presentan no están de acuerdo con la Palabra de Dios, el mejor modo de callar al diablo es decir en voz alta la Palabra.

La Palabra que sale de la boca del creyente, con fe que la respalde, es el arma singular más efectiva que puede usarse para ganar la guerra contra la preocupación y la ansiedad.

## Echa toda tu ansiedad sobre Dios

*Humillaos [rebajaos, degradaos en vuestra propia estimación] pues, bajo la poderosa mano de Dios, para que Él os exalte a su debido tiempo, echando toda vuestra ansiedad [todas vuestras preocupaciones, todos vuestros cuidados, de una vez por todas] sobre Él, porque Él tiene cuidado de vosotros.*

1 Pedro 5:6-7

Cuando el enemigo trate de cargarnos un problema, tenemos el privilegio de echarlo sobre Dios. La palabra "echar" en realidad quiere decir lanzar o tirar. Tú y yo podemos lanzar o tirar nuestros problemas a Dios y, créeme, Él puede recibirlos. Él sabe qué hacer con ellos.

Este pasaje nos enseña que humillarnos es no preocuparnos. La persona que se preocupa todavía piensa que de alguna manera puede resolver su propio problema. La preocupación tiene la mente corriendo en círculos tratando de encontrar una solución a su situación. El hombre orgulloso está lleno de sí mismo, mientras que el hombre humilde está lleno de Dios. El hombre orgulloso se preocupa; el humilde, espera.

Únicamente Dios puede liberarnos, y Él quiere que lo sepamos, así que en cada situación nuestra primera respuesta es apoyarnos en Él y entrar en Su reposo.

## El reposo de Dios

*¡Oh, Dios nuestro! ¿no los juzgarás? Porque no tenemos fuerza alguna delante de esta gran multitud que viene contra nosotros, y no sabemos qué hacer; pero nuestros ojos están vueltos hacia ti.*

2 Crónicas 20:12

¡Amo estos versículos! El pueblo en ello ha llegado al punto de percatarse de tres cosas con certeza:

1. No tienen fuerza contra sus enemigos.

2. No saben qué hacer.

3. Necesitan tener sus ojos enfocados en Dios.

En los versículos 15 y 17 de ese mismo pasaje, vemos lo que el Señor les contestó una vez que ellos se dieron cuenta de todo esto y lo admitieron libremente ante Él:

*No temáis, ni os acobardéis delante de esta gran multitud, porque la batalla no es vuestra, sino de Dios...*

*No necesitáis pelear en esta batalla; apostaos y estad quietos, y ved la salvación del Señor...*

¿Cuál es nuestra posición? Es la de morar en Jesús y entrar en el reposo de Dios. Es la de esperar en el Señor continuamente, con nuestros ojos fijos en Él, haciendo lo que Él nos ha guiado a hacer y por otra parte tener un "temor reverente" por los actos de la carne.

En lo que concierne a entrar en el reposo de Dios, me gustaría decir esto: no existe eso que llamamos "el reposo de Dios" sin oposición.

Para ilustrar este punto, les contaré una historia que oí una vez, respecto a dos artistas a quienes se les pidió que pintaran cuadros de la paz tal como ellos la concebían. Uno pintó un lago apacible entre las montañas. El otro pintó una tumultuosa cascada rugiente, sobre la que se inclinaban las ramas de un abedul, en una de las cuales había un nido donde descansaba un pájaro.

¿Cuál de ellos representaba verdaderamente la paz? El segundo, porque no existe esa cosa llamada paz sin oposición. El primer cuadro representa el estancamiento. La escena que presenta puede ser serena; una persona puede sentir deseos de ir allí para recuperarse. Puede mostrar un cuadro hermoso, pero no representa "el reposo de Dios".

Jesús declaró: *La paz os dejo, mi paz os doy; no os la doy como el mundo la da... (Juan 14:27). Su paz es una paz espiritual, y Su reposo es el que se manifiesta en medio de la tormenta... no en su ausencia. Jesús no vino a quitar toda la oposición de nuestras vidas, sino más bien a darnos una visión diferente de las tormentas de la vida. Hemos de aceptar Su yugo sobre nosotros y aprender de Él (Mateo 11:29.) Eso significa que hemos de aprender Sus modos, a ver la vida del mismo modo que Él la ve.*

*Jesús no se preocupaba, ¡y nosotros no tenemos que preocuparnos tampoco!*

Si estás esperando a no tener nada de qué preocuparte antes de dejar de preocuparte, entonces probablemente deba decirte que tendrás que esperar bastante tiempo, porque ese momento puede que no llegue *nunca*. No soy pesimista, ¡soy sincera!

Mateo 6:34 sugiere que no nos preocupemos por el mañana porque cada día traerá suficientes problemas propios. Jesús mismo lo dijo, y Él por cierto no era pesimista. Estar en paz, disfrutando del reposo de Dios en medio de la tormenta, le da mucha gloria al Señor porque prueba que Su forma de vivir funciona.

## ¡Preocupación, preocupación, preocupación!

Desperdicié muchos años de mi vida preocupándome por cosas que no podía resolver. Me gustaría recuperar esos años y ser capaz de comportarme de otro modo. Sin embargo, una vez que has malgastado el tiempo que Dios te ha dado, es imposible recuperarlo y hacer las cosas de otra manera.

Mi esposo, por otra parte, jamás se preocupaba. Hubo veces en que me enojaba con él porque no se preocupaba conmigo... ni se me unía para conversar de todas las sombrías posibilidades que nos acecharían si Dios no ponía Su mano para proveer nuestras necesidades. Por ejemplo, me sentaba en la cocina y desparramaba todas las facturas y la libreta de cheques, alterándome más por momentos, porque las facturas sumaban más que el dinero. En tanto, Dave estaba en la habitación de al lado jugando con los niños, mirando televisión mientras ellos subían y bajaban por su espalda y le hacían peinados.

Puedo recordar haberle dicho con voz desagradable: "¿Por qué no vienes y haces algo en vez de jugar mientras yo trato de resolver este embrollo?" Cuando él respondía: "¿Qué quieres que haga?" nunca sabía qué contestarle; sólo que me enojaba que él se atreviera a disfrutar mientras estábamos enfrentando semejante situación económica desesperada.

Dave me calmaba recordándome que Dios siempre nos había provisto lo necesario, que nosotros estábamos haciendo nuestra parte (que era diezmar, ofrendar, orar y confiar) y que el Señor seguiría haciendo la Suya. (Debería aclarar que Dave estaba confiando mientras yo me preocupaba.) Yo me iba a la habitación en que estaba él con los niños y poco después los pensamientos volvían a mi mente: "Pero ¿qué haremos? ¿Cómo pagaremos estas facturas? ¿Y si...?"

Y entonces pasaban por mi mente todas aquellas escenas de desastre: ejecución de la hipoteca, pérdida del auto recuperado por el acreedor, vergüenza ante los familiares y amigos si teníamos que pedir ayuda económica, etcétera, etcétera, etcétera. ¿Has ido alguna vez a ese cine o te han asaltado esos pensamientos constantemente? Por supuesto que sí, de otro modo, probablemente no estarías leyendo este libro.

Después de darle vueltas durante un rato a los pensamientos que el diablo me estaba sirviendo en bandeja, volvía a la cocina, sacaba las facturas, la calculadora y la libreta de cheques, y volvía a empezar todo el calvario de nuevo. Mientras más lo hacía, más alterada me ponía. ¡Entonces repetíamos la misma escena! Le gritaba a Dave y a los niños ¡por estarla pasando bien mientras yo me echaba encima la "responsabilidad"!

En realidad lo que yo estaba sintiendo no era responsabilidad, sino afán; algo que Dios me había dicho específicamente que le dejara a Él.

Ahora miro hacia atrás y me doy cuenta de cómo desperdicié todas aquellas noches que Dios me dio en mis primeros años de casada. El tiempo que Él nos da es un regalo precioso. Pero yo se lo di al diablo. Tu tiempo es tuyo. Úsalo sabiamente; no volverás a pasar por este mismo río.

Dios cubrió todas nuestras necesidades, y lo hizo de mil formas diferentes. Nunca nos abandonó; ni una vez. ¡Dios es fiel!

## No te preocupes — Confía en Dios

*Sea vuestro carácter sin avaricia [ni codicia, lascivia
ni avidez por las posesiones terrenales] contentos con
lo que tenéis [y vuestra situación], porque Él [Dios]
mismo ha dicho: Nunca te dejaré ni te desampararé.
[¡Jamás en modo alguno te abandonaré a tus fuerzas
ni quedarás olvidado (ni te dejaré de Mi mano)! (¡Ten
la certeza de que es así!]*

Hebreos 13:5

Esta es una excelente Escritura para usarla en darte ánimos
cuando sientas aprensión acerca de si Dios acudirá a cubrir
tus necesidades.

En esta porción el Señor nos está haciendo saber que no
necesitamos poner nuestras mentes en el dinero, preguntán-
donos cómo hemos de cuidar de nosotros, porque Él se hará
cargo de esas cosas por nosotros. Nos ha prometido que jamás
nos fallará ni nos olvidará.

Haz tu parte, pero no trates de hacer la parte de Dios. La
carga es demasiado pesada para llevar; y si no tienes cuidado,
te quebrarás bajo su peso.

No te preocupes. *Confía (apóyate y descansa) en el Señor
y haz el bien, habita en la tierra, y cultiva la fidelidad [y serás
alimentado]* (Salmo 37:3).

¡Es una promesa!

## NOTAS

1. *Webster's II New Riverside Dictionary,* s.v. "worry"

13

# Una mente enjuiciadora, crítica y suspicaz

*No juzguéis, para que no seáis juzgados.*

Mateo 7:1

Las actitudes enjuiciadoras, la crítica y la suspicacia causan mucho tormento en la vida de las personas. Estos enemigos destruyen multitud de relaciones. Una vez más, la mente es el campo de batalla.

Los pensamientos —tan sólo un "Yo pienso"— pueden ser las herramientas que emplea el diablo para mantener solitaria a una persona. A la gente no le gusta estar cerca de alguien que emite opiniones sobre todo.

Para ilustrar este punto te contaré que una vez conocí a una mujer cuyo esposo era un hombre de negocios muy rico. También era muy callado, y ella quería que él hablara más. Él sabía muchísimo sobre muchas cosas. Ella se molestaba con él cuando estaban en un grupo de gente y alguien empezaba a conversar sobre un tema que su esposo dominaba ampliamente y podía opinar. Cuando podía haberles dicho todo lo que sabía, pero no lo hacía.

Una noche después que la pareja había regresado a casa de una fiesta, ella lo fustigó diciéndole: "¿Por qué no hablaste y le dijiste a esa gente lo que tú sabes del tema que estaban hablando? ¡Te limitaste a sentarte callado y actuar como si no supieras nada en absoluto!"

"Ya yo sé lo que sé", le replicó él. "Trato de estarme callado y escuchar, para descubrir lo que otros saben".

Me imagino que por eso precisamente era rico. ¡Era tan sabio! Poca gente se hace rica sin sabiduría. Y poca gente tiene amigos sin usar la sabiduría en las relaciones.

Ser enjuiciador y expresar opiniones y críticas son formas seguras de ver evaporarse las relaciones. Por supuesto que Satanás quiere que tú y yo seamos rechazados y solitarios, así que nos ataca la mente en ese sentido. Espero que este capítulo nos ayude a reconocer los patrones de pensamiento equivocados, y también a aprender cómo tratar con la sospecha.

## Para definir el enjuiciar

En el *Vine's Expository Dictionary of Old and New Testament Words,* uno de los términos griegos traducidos como *juicio* se define parcialmente como "una decisión dictada sobre las faltas de otros" y tiene referencia cruzada con el término "condenación".[1] De acuerdo con esta misma fuente, uno de los términos griegos traducido como *juzgar* se define en parte como "formar una opinión" y tiene referencia cruzada con el término "sentencia".[2]

Dios es el único que tiene derecho a condenar o sentenciar, por consiguiente, cuando juzgamos a otro, estamos en cierto sentido, estableciéndonos como Dios en su vida.

Yo no sé tú, pero eso pone un poco de "temor de Dios" en mí. Tengo mucha presencia de ánimo, ¡pero no estoy interesada en tratar de ser Dios! Estos aspectos fueron una vez un problema grave en mi personalidad, y creo que seré capaz de contarte algunas cosas que Dios me enseñó, que pudieran ayudarte.

La crítica, las opiniones y los juicios parecen estar todos emparentados, así que los comentaremos juntos como un gigantesco problema.

Yo era muy criticona porque siempre parecía capaz de ver lo que estaba mal en vez de lo que estaba bien. Algunas personalidades son más proclives a esta falta que otras. Algunos de los tipos más joviales de personalidad no quieren ver en la vida más que las cosas "felices o divertidas", así que en realidad no prestan mucha atención a las cosas que pueden echarles a perder su disfrute. La personalidad más melancólica o la controlada, a menudo ve primero lo que está mal; generalmente, la gente con este tipo de personalidad habla con los demás muy liberalmente de sus opiniones y puntos de vista negativos.

Hemos de darnos cuenta de que tenemos nuestro modo de ver las cosas. Nos gusta decirle a la gente lo que *nosotros* pensamos, y ese es exactamente el problema: lo que yo pienso puede ser correcto para mí, pero no necesariamente para ti, y viceversa. Todos sabemos, por supuesto, que "No robarás" se aplica a todos, pero estoy hablando aquí de miles de cosas que podemos encontrarnos cada día, que no son por necesidad buenas ni malas, sino simplemente elecciones personales. Puedo añadir que esas son elecciones que las personas tienen derecho a hacer por sí mismas sin interferencia externa.

Mi esposo y yo somos en extremo diferentes en nuestros puntos de vista sobre muchas cosas. Una de ellas sería cómo decorar una casa. No se trata de que no nos guste nada de lo que el otro elige, sino de que si vamos juntos de compras para la casa, tal parece que a Dave siempre le gusta una cosa y a mí otra. ¿Por qué? Simplemente porque somos dos personas diferentes. Su opinión es tan buena como la mía, y la mía tan buena como la de él; sólo son diferentes.

Me tomó años entender que nada andaba mal en Dave tan sólo porque él no estaba de acuerdo conmigo. Y desde luego, por lo regular le hacía saber que yo pensaba que algo estaba mal en él porque no tenía mi misma opinión. Obviamente, mi actitud causaba mucha fricción entre nosotros y lastimaba nuestra relación.

## El orgullo: Un "Yo" problema

*...digo a cada uno de vosotros que no piense más alto de sí que lo que debe pensar [a no tener una opinión exagerada de su propia importancia], sino que piense con buen juicio, según la medida de fe que Dios ha distribuido a cada uno.*

Romanos 12:3

Juzgar y criticar son el fruto de un problema más profundo: el orgullo. Cuando el "yo" en nosotros es mayor de lo que debe ser, siempre provocará esta clase de problemas de que estamos hablando. La Biblia nos advierte repetidamente que no seamos altaneros.

Cuando quiera que nos destaquemos en un aspecto, es sólo porque Dios nos ha dado un don de gracia para ello. Si somos arrogantes o tenemos una opinión exagerada de nosotros mismos, eso hace que miremos con desdén a otros y pensemos que valen "menos que" nosotros. Esta clase de actitud o modo de pensar es en extremo detestable para el Señor, y abre muchas puertas para el enemigo en nuestras vidas.

## Temor santo

*Hermanos, aun si alguno es sorprendido en alguna falta, vosotros que sois espirituales [que sois sensibles al Espíritu que os controla], restauradlo en un espíritu de mansedumbre, mirándote a ti mismo, no sea que tú también seas tentado.*

*Llevad [soportad] los unos las cargas de los otros, y cumplid así la ley de Cristo [el Mesías] [y completad lo que falta en vuestra obediencia a ello].*

> *Porque si alguno se cree que es algo [demasiado importante para condescender a arrimar el hombro a la carga de otro], no siendo nada [de superior, excepto en su propia estimación], se engaña a sí mismo.*

Gálatas 6:1-3

El examen cuidadoso de estas Escrituras nos revela enseguida cómo hemos de responder a la debilidad que observamos en otros. Esto fija la actitud mental que hemos de mantener dentro de nosotros mismos. Debemos tener un "temor santo" por el orgullo y ser muy cuidadosos en juzgar a otros o en criticarlos.

## ¿Quiénes somos nosotros para dictar sentencia?

> *¿Quién eres tú para juzgar al criado de otro? Para su propio amo está en pie o cae, y en pie se mantendrá, porque poderoso es el Señor para sostenerlo en pie.*

Romanos 14:4

Piensa en esto de este modo: digamos que tu vecina vino a tu puerta y comenzó a darte instrucciones acerca de lo que tus hijos deben usar en la escuela y de qué asignaturas ella considera que deben estudiar. ¿Qué responderías? O supongamos que tu vecina se detiene para decirte que a ella no le gusta la forma en que tu sirvienta (quien tú consideras muy buena) limpia tu casa. ¿Qué le dirías a tu vecina?

De eso exactamente se trata esta porción de la Escritura. Cada uno de nosotros pertenece a Dios, y aun cuando tengamos debilidades, Él es capaz de mantenernos de pie y justificarnos. Respondemos a Dios, no unos a otros; por lo tanto, no podemos juzgarnos uno al otro de un modo crítico.

El diablo se mantiene muy activo asignando demonios para poner pensamientos enjuiciadores y críticos en la mente de la gente. Puedo recordar cuando me entretenía en sentarme en el parque o en el centro comercial y sencillamente observaba a las personas pasar mientras me formaba una opinión mental de cada uno de ellas: su vestimenta, peinados, acompañantes, etcétera. Ahora bien, no siempre podemos evitar tener opiniones, pero no tenemos que expresarlas. Creo que incluso podemos crecer hasta el punto en que no tengamos tantas opiniones, y que aquellas que tengamos, no sean críticas.

Con frecuencia me digo: "Joyce, no es asunto tuyo". Es un problema grave elaborar mentalmente en tanto ponderas tu opinión hasta que se convierte en juicio. El problema crece y empeora cuanto más piensas en él hasta que empiezas a expresárselo a otros, o incluso a aquél a quien estás juzgando. Entonces se ha convertido en explosivo y tiene la capacidad de hacer mucho daño en el campo de la relación, así como en el campo espiritual. Puedes ahorrarte problemas futuros aprendiendo a decir simplemente: "No es asunto mío".

*Recuerda, tus actos no cambiarán hasta que cambie tu mente.*

Mateo 7:1-6 es una de las porciones clásica de la Escritura respecto al tema del juicio y la crítica. Cuando tengas dificultad con tu mente en este aspecto, lee ésta y otras porciones de la Escritura. Léelas, después léelas en voz alta, y úsalas como armas contra el diablo que está intentando construir una fortaleza en tu mente. Es posible que esté operando desde una fortaleza que ya ha estado allí durante muchos años.

Echemos un vistazo a este pasaje y comentaré cada parte según la repasemos.

## Sembrando y cosechando juicio

*No juzguéis [ni critiquéis ni condenéis a otros], para que no seáis juzgados [ni criticados ni condenados vosotros mismos].*

> *Porque con el juicio con que juzguéis [y critiquéis y condenéis a otros], seréis juzgados [y criticados y condenados]; y con la medida con que midáis [a otros], se os medirá.*

Mateo 7:1,2

Estas Escrituras nos dicen llanamente que cosecharemos lo que hayamos sembrado (Gálatas 6:7.) Sembrar y cosechar no se aplica únicamente a los campos agrícolas y financieros, sino también se aplica al plano mental. Podemos sembrar y cosechar una actitud al igual que una cosecha o una inversión.

Un pastor que conozco dice a menudo que cuando él oye que alguien ha estado hablando de él de un modo poco amable o enjuiciándolo, se pregunta a sí mismo: "¿Están sembrando ellos, o estoy cosechando yo?" Muchas veces estamos cosechando en nuestras vidas lo que hemos sembrado previamente en la vida de otro.

## Médico, ¡cúrate a ti mismo!

> *¿Y por qué miras la mota que está en el ojo de tu hermano, y no te das cuenta de la viga que está en tu propio ojo?*
>
> *¿O cómo puedes decir a tu hermano: "Déjame sacarte la mota del ojo", cuando la viga está en tu ojo?*
>
> *¡Hipócrita! Saca primero la viga de tu ojo, y entonces verás con claridad para sacar la mota del ojo de tu hermano.*

Mateo 7:3-5

Al diablo le encanta mantenernos ocupados, juzgando mentalmente las faltas de otros. De ese modo, ¡nunca vemos o tratamos con lo que está mal en nosotros!

No podemos cambiar a otros; sólo Dios puede hacerlo. Tampoco podemos cambiarnos a nosotros mismos, pero podemos cooperar con el Espíritu Santo y permitirle que haga la obra. Sin embargo, el Primer Paso en cualquier liberación, es enfrentarnos a la verdad que el Señor está tratando de mostrarnos.

Cuando pensamos, y conversamos, de lo que está mal en todos los demás, usualmente nos estamos dejando engañar con respecto a nuestra propia conducta. Por consiguiente, Jesús nos ordena que no nos metamos en lo que está mal en otros, cuando hay tantas cosas mal en nosotros. Permite que Dios trate primero contigo, y entonces aprenderás la forma bíblica de ayudar a tu hermano a crecer en su andar cristiano.

## Amaos los unos a los otros

*No deis lo santo (las cosas sagradas) a los perros, ni echéis vuestras perlas delante de los cerdos, no sea que las hollen con sus patas, y volviéndose os despedacen.*

Mateo 7:6

Yo creo que este versículo se refiere a nuestra capacidad, dada por Dios, de amarnos unos a otros.

Si tú y yo tenemos una capacidad y una orden de Dios de amar a otros, pero en lugar de eso, los juzgamos y criticamos, hemos tomado lo santo (el amor) y lo hemos echado ante los perros y cerdos (espíritus diabólicos). Hemos abierto una puerta para que ellos pisoteen las cosas santas y se vuelvan y nos hagan pedazos.

Nos hace falta ver que "el andar en amor" es lo que nos protege de los ataques demoníacos. Yo no creo que el diablo pueda hacerle mucho daño a alguien que realmente anda en amor.

Cuando quedé embarazada de nuestro cuarto hijo, era cristiana, bautizada en el Espíritu Santo, llamada al ministerio y estudiosa asidua de la Biblia. Había aprendido acerca de ejercer mi fe para sanidad. No obstante, durante los primeros tres meses de mi embarazo, estuve sumamente enferma. Perdí peso y energía. Me pasaba la mayor parte del tiempo acostada en el sofá, con náuseas y tan cansada que a duras penas podía moverme.

Esta situación me tenía perpleja, puesto que me había sentido maravillosamente durante mis otros tres embarazos, cuando no sabía mucho de la Palabra de Dios, a pesar de que iba a la iglesia y no ejercitaba mi fe en cosa alguna. Sin embargo, ahora que estaba familiarizada con las promesas de Dios, estaba enferma... ¡y por más que oraba a Dios y reprendía al demonio, el problema seguía!

Un día estando en cama y escuchando cómo mi esposo y mis hijos se divertían en el patio, le pregunté molesta a Dios: "¿Qué es lo que está mal en mí? ¿Por qué estoy tan enferma? ¿Y por qué no me recupero?"

El Espíritu Santo me incitó a leer Mateo 7. Le pregunté al Señor qué tenía que ver ese pasaje conmigo y mi salud. Seguí sintiendo que debía leerlo una y otra vez. Finalmente, Dios me hizo recordar un suceso que había tenido lugar dos años antes.

Yo había dirigido y enseñado un estudio bíblico en una casa, al cual venía una joven que llamaremos Jane. Jane asistía al curso fielmente hasta que quedó embarazada, pero entonces se le hizo muy difícil reunirse con nosotros regularmente, porque siempre estaba cansada y sintiéndose mal.

Mientras yacía en mi cama aquel día, recordé que otra "hermana cristiana" y yo habíamos comentado, enjuiciado y criticado a Jane porque "simplemente no se sobreponía" a sus circunstancias y venía asiduamente al estudio bíblico. Jamás le ofrecimos ayuda de ninguna clase. Nos limitamos a formar una opinión de que ella se estaba aflojando y usaba su embarazo como excusa para su pereza.

Ahora yo estaba en las mismas circunstancias que Jane había estado dos años antes. Dios me mostró que a pesar de que yo había permanecido saludable durante mis primeros tres embarazos, le había abierto una puerta enorme al diablo por mi juicio y crítica. Había tomado mis perlas, lo santo (mi capacidad para amar a Jane), las había echado delante de los perros y cerdos, y ahora ellos se habían vuelto y me despedazaban. Puedo asegurarte que me arrepentí inmediatamente. Tan pronto lo hice, recuperé la salud, y me mantuve bien durante todo lo que restó de mi embarazo.

De este incidente aprendí una lección importante acerca de los peligros de juzgar y criticar a otros. Me gustaría decir que después de esa experiencia, nunca volví a cometer el mismo error, pero siento tener que confesar que he cometido muchos errores semejantes desde entonces. Cada vez que he recaído, Dios ha tenido que lidiar conmigo, por lo cual estoy agradecida.

*Todos* cometemos errores. *Todos* tenemos flaquezas. La Biblia dice que no hemos de tener un espíritu endurecido y crítico los unos hacia los otros, sino perdonarnos unos a otros y mostrar misericordia unos con otros tal como Dios lo ha hecho con nosotros por amor a Cristo (Efesios 4:32.)

## El juzgar trae condenación

*Por lo cual no tienes excusa, oh hombre, quienquiera que seas tú que juzgas, pues al juzgar a otro, a ti mismo te condenas, porque tú que juzgas practicas las mismas cosas [que censuras y denuncias].*

Romanos 2:1

En otras palabras, las mismas cosas por las que juzgamos a otros, las hacemos nosotros.

El Señor me dio un muy buen ejemplo una vez, para ayudarme a entender este principio. Yo estaba meditando en por qué hacíamos algo nosotros y pensábamos que estaba perfectamente bien, pero que cuando otro hacía lo mismo, lo enjuiciábamos. Él me dijo: "Joyce, tú te miras a través de cristales rosados, pero miras a los demás a través de vidrios de aumento".

Buscamos excusas para nuestro propio comportamiento, pero cuando otro hace lo mismo que nosotros, con frecuencia no tenemos misericordia. Hacerle a otros como queremos que ellos nos hagan (Mateo 7:12) es un buen principio en la vida que evitará mucho juicio y críticas, si se cumple.

Una mente enjuiciadora es un retoño de una mente negativa; pensar en lo que está mal en una persona en lugar de pensar en lo que está bien.

*¡Sé positivo y no negativo!*

Los demás se beneficiarán, pero tú te beneficiarás más que ningún otro.

## Guarda tu corazón

*Con toda diligencia guarda tu corazón, porque de él brotan los manantiales de la vida.*

Proverbios 4:23

Si quieres que la vida fluya hacia ti y desde ti, guarda tu corazón.

Cierta clase de pensamientos son "impensables" para un creyente; entre ellos, el enjuiciamiento y la crítica. Todas las cosas que Dios trata de enseñarnos son para nuestro propio bien y felicidad. Seguir Sus caminos trae fecundidad; seguir los caminos del diablo, trae corrupción.

## Sospecha de la suspicacia

*...[El amor] todo lo sufre, todo lo cree [lo mejor de toda persona]...*

1 Corintios 13:7

Sinceramente tengo que reconocer que la obediencia a esta Escritura siempre ha sido un reto para mí. Me criaron para ser suspicaz. En realidad se me enseñó a desconfiar de todo el mundo, especialmente si parecían ser amables, porque tenían que querer algo.

Además de habérseme enseñado a sospechar de otros y de sus motivos, tuve muchas experiencias decepcionantes con mucha gente, no sólo antes de convertirme en una cristiana activa, sino también después. Meditar en los componentes del amor y darme cuenta de que el amor siempre cree lo mejor, me ha ayudado mucho a desarrollar un nuevo esquema mental.

Cuando tu mente ha sido envenenada, cuando Satanás ha ganado fortalezas en tu mente, tienes que renovarla de acuerdo con la Palabra de Dios. Esto se hace aprendiendo la Palabra y meditando en ella (ponderándola, murmurándola para ti mismo, pensando en ella).

Tenemos en nosotros el maravilloso Espíritu Santo para que nos la recuerde cuando nuestros pensamientos están derivando en la dirección errónea. Dios hace esto por mí cuando me surgen pensamientos suspicaces en lugar de amorosos. El hombre natural piensa: "Si confío en la gente, se aprovecharán de mí". Puede ser, pero los beneficios pesarán mucho más que cualquier experiencia negativa.

*La confianza y la fe traen gozo a la vida y ayudan a que las relaciones se incrementen al máximo posible.*

La sospecha mutila una relación entera y por lo regular, la destruye.

La conclusión es esta: los caminos de Dios funcionan; los del hombre, no. Dios condena el enjuiciamiento, la crítica y la suspicacia, y así debemos hacerlo nosotros. Ama lo que Dios ama, y odia lo que Él odia. Permite lo que Él permite y desprueba lo que Él desaprueba.

La mejor política es siempre una actitud equilibrada. Eso no significa que no debamos emplear sabiduría y discernimiento en nuestro trato con otros. No tenemos que abrir de par en par nuestra vida a todo el que conozcamos, dándole a toda persona que encontremos la oportunidad de aplastarnos. Por otra parte, no tenemos que mirar a todo el mundo con ojos suspicaces y negativos, siempre esperando que se aprovechen de nosotros.

## Confía en Dios por entero y en el hombre discretamente

*Cuando estaba en Jerusalén durante la fiesta de la Pascua, muchos creyeron en Su nombre [se identificaron con Su grupo] al ver las señales (maravillas y milagros) que hacía.*

*Pero Jesús, por su parte, no se confiaba a ellos, porque conocía a todos [los hombres], y no tenía necesidad de que nadie le diera testimonio del hombre [no necesita evidencia de nadie acerca de los hombres], pues Él sabía lo que había en el hombre. [Él podía leer en los corazones de los hombres.]*

Juan 2:23-25

Una vez, después que había sufrido una decepción en la iglesia, Dios me llamó la atención hacia Juan 2:23-25.

Este pasaje habla de la relación de Jesús con Sus discípulos. Dice claramente que Él no se confiaba a ellos. No dice que Él sospechara de ellos y de que no confiara en ellos; se limita a explicar que, como Él comprendía la naturaleza humana (que siempre tenemos), Él no se confiaba a ellos de un modo desequilibrado.

Aprendí una buena lección. Yo había salido muy herida del problema de la iglesia porque me había implicado mucho con un grupo de damas y había perdido el equilibrio. Cada vez que perdemos el equilibrio, le abrimos una puerta al diablo.

En 1 Pedro 5:8 dice: *Sed de espíritu sobrio (de mente equilibrada y atemperada), estad alertas. Vuestro adversario, el dia-*

*blo, anda al acecho como león rugiente [con hambre feroz], buscando a quien devorar.*

Aprendí que había estado apoyándome en las damas de este grupo y colocando en ellas una confianza que pertenece únicamente a Dios. En una relación humana sólo podemos llegar hasta cierto punto. Si nos propasamos de éste sin sabiduría, se gestarán problemas, y resultaremos lastimados.

Pon siempre tu confianza fundamental y máxima en el Señor. Al hacer esto le abres la puerta al Espíritu Santo para que te haga saber cuándo estás traspasando la línea del equilibrio.

Algunas personas piensan que tienen discernimiento cuando en realidad sólo son suspicaces. Hay un verdadero don del Espíritu llamado discernimiento de espíritus (1 Corintios 12:10). Él discierne lo bueno y lo malo, no únicamente lo malo. La sospecha proviene de la mente no renovada; el discernimiento brota del espíritu renovado.

Ora por los verdaderos dones; no los carnales que se enmascaran como dones del Espíritu. El verdadero discernimiento espiritual provocará oración, no murmuración. Si se discierne un problema genuino, seguirá el patrón bíblico para tratar con él, no los modos carnales que sólo diseminan y complican el problema.

## Las palabras placenteras son dulces y sanadoras

*El corazón del sabio enseña a su boca, y añade persuasión a sus labios.*
*Panal de miel son las palabras agradables, dulces al alma y salud para los huesos.*

Proverbios 16:23-24

Las palabras y los pensamientos son como los huesos y los tuétanos; tan unidos que es difícil dividirlos (Hebreos 4:12).

Nuestros pensamientos son palabras silenciosas que sólo nosotros y el Señor podemos escuchar, pero esas palabras afectan a nuestro hombre interior, nuestra salud, nuestro gozo y nuestra actitud. Las cosas en que pensamos a menudo salen por nuestra boca. Y es triste decirlo, algunas veces nos hacen parecer tontos. El enjuiciamiento, la crítica y la sospecha nunca traen gozo.

Jesús dijo que Él venía para que tuviéramos vida y la disfrutáramos (Juan 10:10.) Empieza a operar en la mente de Cristo, y entrarás en un plano completamente nuevo de existencia.

## NOTAS

1. W.E. Vine, *Vine's Expository Dictionary of Hebrew and Greel Words* (Old Tappan: Fleming H. Revell, 1981), Vol. 2:E-Li, p. 281.
2. Ibids, p. 280.

# 14

# *Una mente pasiva*

*Mi pueblo es destruido por falta de conocimiento...*

Oseas 4:6

Esta declaración es una verdad absoluta en lo concerniente a la pasividad. La mayoría de los cristianos ni siquiera están familiarizados con el término, ni saben cómo reconocer los síntomas.

La pasividad es lo opuesto a la actividad. Es un problema peligroso porque la Palabra de Dios nos enseña claramente que tenemos que estar alertas, cautelosos y activos (1 Pedro 5:8); que hemos de avivar la llama y despertar los dones dentro de nosotros (2 Timoteo 1:6).

He leído varias definiciones de la palabra "pasividad", y la describo como falta de sensación, falta de deseo, apatía general, tibieza y pereza. Detrás de la pasividad hay espíritus malignos. El diablo sabe que la inactividad, la falta de ejercitar la voluntad, redundará en la derrota final del creyente. En tanto una persona esté moviéndose contra el demonio, empleando su voluntad para resistirlo, el enemigo no ganará la guerra. Pero si entra en un estado de pasividad, se ha metido en un problema serio.

Tantos creyentes se rigen por las emociones, que la ausencia de sensaciones es todo lo que hace falta para impedir que hagan lo que se les ha enseñado que deben hacer. Alaban cuando se sienten dispuestos, dan cuando les apetece, cumplen su palabra si les parece; y si no desean hacer nada de esto, ¡no lo hacen!

## ¡El espacio vacío es un lugar!

*Ni deis lugar al diablo.*

Efesios 4:27 (R.V.)

El lugar que le damos a Satanás a menudo es un espacio vacío. Una mente vacía, pasiva, puede llenarse fácilmente con toda clase de pensamientos erróneos.

El creyente que tiene una mente pasiva y no resiste a estos fuertes pensamientos, con frecuencia los recibe como si fueran los suyos propios. No se da cuenta de que un espíritu diabólico los ha inyectado en su mente porque había un espacio vacío allí que llenar.

Un modo de mantener las ideas equivocadas fuera de tu mente es mantenerla llena de pensamientos correctos. El diablo puede ser echado fuera, pero se va y deambula por los lugares secos durante una temporada. Cuando vuelve a su antiguo hogar y lo encuentra vacío, la Biblia dice en Lucas 11:24-26 que regresa, trae a otros consigo y la última condición de la persona es peor que la primera. Por esta razón nunca debemos tratar de echar un diablo fuera de un individuo, a menos que esa persona haya sido instruida en cómo "llenar el espacio vacío".

No estoy diciendo que toda persona que tiene un pensamiento malo tiene un espíritu malo. Pero detrás de los pensamientos malos a menudo hay un espíritu malo. Un individuo puede derribar imágenes mentales una y otra vez, pero regresarán siempre, hasta que aprenda a llenar el espacio vacío con las ideas correctas. Cuando el enemigo vuelva, no encontrará lugar en esa persona.

Hay pecados activos o de comisión, y hay pecados pasivos o de omisión. En otras palabras, hay cosas malas que hacemos, y hay cosas buenas que no hacemos. Por ejemplo, una relación puede destruirse por decir palabras irreflexivas, pero también puede destruirse por omitir palabras amables de agradecimiento que debieron haberse pronunciado pero nunca se dijeron.

Una persona pasiva piensa que no está haciendo nada malo porque no está haciendo nada. Confrontado con su error, dirá: "¡Yo no hice nada!" Lo que dice es correcto, pero su conducta no. El problema surge precisamente porque no hizo nada.

## Para vencer la pasividad

Hace años mi esposo Dave tuvo algunos problemas de pasividad. Había ciertas cosas en que era activo. Iba a trabajar cada día, jugaba golf los sábados y miraba el fútbol los domingos. Más allá de eso, era muy difícil motivarlo para que hiciera otra cosa. Si necesitaba que me colgara un cuadro en la pared, podía demorarse tres o cuatro semanas en hacerlo. Esto causaba mucha fricción entre nosotros. Me parecía que él hacía lo que deseaba, pero nada más.

Dave amaba al Señor, y cuando lo buscó con respecto a este problema, Dios lo guió a alguna información acerca de la pasividad y sus peligros. Descubrió que detrás de su inactividad había espíritus malignos. Había ciertos aspectos en los cuales no tenía problemas, porque había mantenido su voluntad en ellos, pero en otros aspectos a causa de su inactividad, básicamente le había entregado su voluntad al enemigo. Estaba oprimido en esas zonas y se había colocado en un lugar donde no tenía deseos, no "quería", no tenía motivación en absoluto que lo ayudara a cumplimentar ciertas tareas.

El estudio de la Palabra de Dios y la oración eran otros dos aspectos donde era pasivo. Puesto que yo sabía que él no estaba buscando a Dios para que lo guiara, era duro para mí atenderlo. Yo tenía un problema con la rebelión de todas formas, y se pueden imaginar cómo el diablo usaba nuestras debilidades contra cada cual. Mucha gente se divorcia precisamente por problemas así. En realidad no entienden lo que anda mal.

En realidad yo era demasiado activa. Siempre estaba adelantándome a Dios, en la carne, "haciendo lo mío" y esperando que el Señor lo bendijera. Dave no hacía mucho de nada excepto esperar en Dios, lo que me irritaba enormemente. Ahora nos reímos cuando recordamos cómo acostumbrábamos a ser los dos, pero no era nada divertido entonces, y si Dios no hubiese llamado nuestra atención, pudiéramos habernos convertido en una de esas estadísticas de divorcio.

Dave me decía que yo estaba siempre adelantándome a Dios, y yo le respondía que él estaba siempre diez millas detrás de Dios. Yo era demasiado activa, y Dave, demasiado pasivo.

Cuando un creyente es inactivo en cualquier aspecto en el que tenga capacidad o talento, este aspecto en particular comienza a atrofiarse o a inmovilizarse. Mientras más tiempo transcurra sin hacer nada, menos deseará hacer algo. Uno de los mejores ejemplos es el ejercicio físico.

Actualmente estoy en un buen programa de ejercicio, y mientras más me ejército, más fácil me resulta. Cuando comencé, era muy duro. Me dolía todo cada vez que seguía el programa, porque durante mucho tiempo había estado inactiva y pasiva en lo relativo al ejercicio. Cuanto más tiempo pasaba sin hacer nada, peor era mi condición física. Me estaba debilitando más y más, por no usar mis músculos.

¡Dave empezó a ver cuál era su problema! Estaba lidiando con espíritus malignos que lo oprimían por causa de su larga inactividad. Cuando el Espíritu Santo le reveló esta verdad, Dave determinó inmediatamente volver a ser activo y no perezoso, ni seguir postergándolo todo.

Tomar la decisión fue la parte fácil; ponerlo por obra fue lo difícil. Era muy duro porque cada uno de los aspectos en que había sido pasivo, ahora tenía que ser "ejercitado" hasta que se fortaleciera de nuevo.

Empezó a levantarse a las 5:00 a.m. para leer la Palabra y orar antes de irse al trabajo. *¡La batalla había comenzado!* El diablo no quiere ceder el terreno que ha ganado, y no se rendirá sin luchar. Dave se levantaba para pasar un tiempo con Dios y se quedaba dormido en el sofá. Aun cuando había mañanas en que se quedaba dormido, seguía progresando porque se levantaba de la cama con la intención de edificar una vida de oración.

Había veces en que se aburría. Hubo días en que sintió que no estaba avanzando, que de todos modos no comprendía lo que leía o que sus oraciones no llegaban a ninguna parte. Pero persistió por la revelación del Espíritu Santo acerca de este estado llamado "pasividad".

Empecé a observar que cuando necesitaba que Dave me colgara un cuadro o arreglara algo en la casa, él reaccionaba inmediatamente. Había empezado a pensar por sí mismo otra vez y a tomar sus propias decisiones. Muchas veces no sentía disposición o deseos de hacerlo en lo natural, pero pasaba por encima de sus sentimientos y deseos carnales. Cuanto más actuaba basado en lo que sabía que estaba bien, más libertad disfrutaba.

Sinceramente tengo que decirles que no fue fácil para él. No quedó liberado en unos pocos días o incluso semanas. La pasividad es uno de los estados a los que es más difícil sobreponerse porque, como he mencionado, no hay sentimientos que apoyen.

Dave persistió con la ayuda de Dios, y ahora no es pasivo en lo absoluto. Es el administrador de "Vida en la Palabra", supervisa todos nuestros programas de radio y televisión y es responsable de todos los aspectos financieros del ministerio. Viaja todo el tiempo conmigo y toma las decisiones concernientes a nuestro itinerario de viajes. También es un excelente hombre de familia. Ora y pasa tiempo regularmente con la Palabra de Dios. En resumen, es un hombre que hay que respetar y admirar.

Todavía juega golf y mira los deportes, pero también hace las otras cosas que se supone que haga. Quien lo conozca ahora y vea todo lo que realiza, no puede pensar que alguna vez haya sido tan pasivo como era.

Es posible sobreponerse al estado de pasividad, pero el primer paso para vencer la pasividad actuando, es vencer la pasividad mental. Dave no pudo progresar hasta que tomó una decisión y cambió su modo de pensar.

## Los actos correctos siguen al pensar correctamente

*Y no os adaptéis a este mundo (a esta era) [moldeados como y adaptados a sus costumbres externas y super- ficiales], sino transformaos (cambiaos) mediante la renovación [íntegra] de vuestra mente [por sus nue- vos ideales y su nueva actitud]...*

Romanos 12:2

A través de la Palabra de Dios se muestra un principio dinámico, y nadie nunca andará en victoria a menos que lo comprenda y opere en él: *los actos sanos siguen al pensar sano.*

Permíteme ponerlo de otra forma: *No cambiarás tu con- ducta hasta que cambies tus pensamientos.*

En el orden de las cosas de Dios, primero viene pensar rectamente, y a éste le siguen las acciones rectas. Yo creo que la acción correcta o la conducta correcta es un "fruto" del pensar rectamente. La mayoría de los creyentes luchan por hacer lo recto, pero el fruto no es un producto de la lucha. El fruto viene como un resultado de permanecer en la vid (Juan 15:4). Y permanecer en la vid implica ser obediente (Juan 15:10).

Siempre uso Efesios 4:22-24 cuando enseño este princi- pio. El versículo 22 dice: *que en cuanto a vuestra anterior manera de vivir, os despojéis del viejo hombre [descarta tu viejo ser no renovado], que se corrompe según los deseos engañosos.*

El versículo 24 continúa el pensamiento diciendo, *y os vistáis del nuevo hombre [el ser regenerado], el cual, en la semejanza de Dios [parecido a Dios], ha sido creado en la justicia y santidad de la verdad.*

Así que el versículo 22 básicamente nos dice que dejemos de actuar mal, y el 24, que empecemos a actuar bien, pero el versículo 23 es lo que yo llamo "la Escritura puente". Ahí nos dice cómo ir del versículo 22 (actuar incorrectamente) al versículo 24 (actuar correctamente): *y que seáis renovados en el espíritu de vuestra mente [teniendo una actitud mental y espiritual fresca].*

Es imposible ir desde la mala conducta a la buena conducta sin *primero* cambiar los pensamientos. Una persona pasiva puede desear hacer lo recto, pero nunca lo hará a menos que a propósito active su mente y la ponga de acuerdo con la Palabra y la voluntad de Dios.

Un ejemplo que viene a la mente implica a un hombre que una vez se puso en la fila de oración en uno de mis seminarios. Tenía un problema de lujuria. Amaba de veras a su esposa, pero tenía que resolver su problema o él con toda seguridad arruinaría su matrimonio.

"Joyce, tengo un problema de lujuria —me dijo—. Tal parece que no puedo estarme lejos de otra mujer. ¿Podría orar por mi liberación? Han orado por mí muchas veces, pero no parece que progrese en absoluto".

El Espíritu Santo me impulsó a decirle: "Sí, yo oraré, pero usted tiene que rendir cuentas de lo que permite que se proyecte en la pantalla de su mente. Si alguna vez quiere disfrutar de libertad, no puede visualizar fotos pornográficas en su mente, o imaginarse usted con otras mujeres".

Al igual que este hombre, otros han llegado a entender, al ser abochornados, por qué no logran alcanzar una liberación aunque deseen ser libres: *quieren cambiar su conducta; pero no su modo de pensar.*

Con frecuencia la mente es una zona donde la gente "juguetea con el pecado". En Mateo 5:27-28 Jesús dijo: *Habéis oído que se dijo: "No cometerás adulterio." Pero yo os digo que todo el que mire a una mujer para codiciarla ya cometió adulterio con ella en su corazón.* El camino hacia el acto pecaminoso está pavimentado por sobre del pensamiento pecaminoso.

Una mujer que asistió a mi primer estudio bíblico en la casa, había entregado su vida al Señor y deseaba que su hogar y su matrimonio se enderezaran. Todo en su vida era un desastre: su hogar, sus hijos, su matrimonio, su economía, su condición física, etcétera. Ella decía abiertamente que no amaba a su esposo; de hecho, en realidad lo despreciaba. Sabiendo que su actitud no era devota, ella estaba dispuesta a amarlo, pero tal parecía que no podía soportar estar cerca de él.

Oramos nosotros, oró ella, ¡oró todo el mundo! Compartimos Escrituras con ella y le dimos cintas para que las escuchara. Hicimos todo lo que sabíamos que se hacía y aunque al parecer ella estaba siguiendo nuestro consejo, no progresaba. *¿Dónde estaba el fallo?* Durante una sesión de consejería se reveló que toda su vida ella había sido una aficionada a soñar despierta. Siempre estaba imaginando una existencia de cuento de hadas, en la cual ella era la princesa y el príncipe encantador llegaba a la casa del trabajo con flores y bombones, que la hacía flotar con su devoción hacia ella.

Se pasaba los días pensando así, y cuando su grueso esposo llegaba del trabajo cansado y sudado (con un diente de menos), ella lo despreciaba.

Piensa en esta situación por un momento. La mujer había nacido de nuevo, y sin embargo su vida era un desastre. Deseaba obedecer a Dios y vivir por Él, y también deseaba amar a su esposo porque sabía que era la voluntad de Dios. Estaba dispuesta a lograr la victoria en su vida y su matrimonio, pero su mente la estaba derrotando. No había modo de que pudiera sobreponerse a su hastío por su esposo hasta que empezara a operar desde una "mente sana".

Ella vivía mentalmente en un mundo que no existía ni existiría nunca. Por lo tanto, no estaba en absoluto preparada para lidiar con la realidad. Tenía una mente pasiva, y puesto que no estaba escogiendo sus propios pensamientos de acuerdo con la Palabra de Dios, los espíritus malignos inyectaban pensamientos dentro de su mente.

Mientras pensara que esas ideas eran suyas y las disfrutara, nunca alcanzaría la victoria. Ella cambió su modo de pensar, y su vida empezó a cambiar. Cambió su actitud mental hacia su esposo, y él empezó a cambiar su apariencia y su conducta hacia ella.

## Fija tu mente en lo que está arriba

*Si habéis, pues, resucitado con Cristo [a una nueva vida, compartiendo así Su resurrección de los muertos], buscad las cosas [los ricos tesoros eternos] de arriba, donde está Cristo sentado a la diestra de Dios.*

*Poned la mira en las cosas de arriba (las cosas más altas), no en las de la tierra.*

Colosenses 3:1-2

Una vez más vemos el mismo principio: si quieres vivir la vida resucitada que Jesús ha proporcionado, busca la nueva vida poderosa fijando tu mente y manteniéndola fija en las cosas de arriba, no en las de la tierra.

El apóstol Pablo está diciéndonos simplemente que si tú y yo deseamos la buena vida, tenemos que mantener nuestra mente en las cosas buenas.

Muchos creyentes quieren la buena vida, pero están sentados pasivamente por ahí, deseando que algo bueno les suceda. A menudo están celosos de otros que están viviendo en victoria y resentidos de que sus propias vidas sean tan duras.

Si deseas vencer tus problemas, si verdaderamente quieres vivir la vida resurrecta, *¡a Dios rogando y con el mazo dando". Tienes que ser activo; no pasivo. La acción correcta empieza con el pensamiento correcto. No seas pasivo en tu mente. Empieza hoy a escoger tus pensamientos.*

# 15

# La mente de Cristo

*Porque ¿quién ha conocido la mente (los pareceres y propósitos) del Señor para que le instruya? Mas nosotros tenemos la mente de Cristo (el Mesías) [y retenemos los pensamientos (sentimientos y propósitos) de Su corazón].*

1 Corintios 2:16

Creo que ya habrás tomado la decisión firme de escoger las ideas correctas, así que echemos un vistazo a los tipos de modo de pensar que debieran considerarse correctos de acuerdo con el Señor. Es cierto que hay muchas clases de pensamientos que pudieran considerarse impensables para Jesús cuando estaba en la tierra. Si deseamos seguir Sus pasos, entonces tenemos que empezar a pensar como Él lo hacía.

Probablemente ya estarás pensando: "Eso es imposible, Joyce, Jesús era perfecto. Es posible que yo pueda mejorar mi modo de pensar, pero jamás seré capaz de pensar como Él".

Bueno, la Biblia nos dice que nosotros tenemos la mente de Cristo; y espíritu y corazón nuevos.

## Espíritu y corazón nuevos

*Además, os daré un corazón nuevo y pondré un espí-ritu nuevo dentro de vosotros; quitaré de vuestra carne el corazón de piedra y os daré un corazón de carne.*

*Pondré dentro de vosotros mi espíritu y haré que andéis en mis estatutos, y que cumpláis cuidadosa-mente mis ordenanzas.*

Ezequiel 36:26-27

Como cristianos, tú y yo tenemos una nueva naturaleza, la cual es en realidad la naturaleza de Dios, depositada en nosotros en el Nuevo Nacimiento.

Por esta Escritura podemos ver que Dios sabía que si habíamos de cumplir Sus ordenanzas y andar en Sus estatutos, Él tendría que darnos Su Espíritu y un nuevo corazón (y mente). Romanos 8:6 habla de la mente carnal y la mente espiritual y nos dice que el resultado de seguir a la mente de la carne, es la muerte, y que el resultado de seguir a la mente del Espíritu, es la vida.

Haríamos tremendos progresos simplemente aprendiendo cómo discernir la vida y la muerte.

Si algo te está ministrando la muerte, no lo sigas permitien-do. Cuando ciertas modos de pensar te llenen de muerte, sabes inmediatamente que esa no es la mente del Espíritu.

Para ilustrarlo, digamos que estoy pensando en una injus-ticia que sufrí por causa de otra persona, y empiezo a encole-rizarme. Comienzo a pensar en cuánto me disgusta ese indi-viduo. Si estoy discerniendo, notaré que me están llenando de muerte. Me estoy alterando, perturbando, llenando de gran tensión; puede que incluso llegue a sentirme físicamente mal. El fruto de mis pensamientos errados puede ser dolor de cabeza, dolor de estómago o cansancio injustificado. Por otra parte, si me pongo a pensar en cuánto me ha bendecido Dios y qué bueno ha sido conmigo, también podré discernir que me están llenando de vida.

Al creyente le es muy útil aprender a discernir la vida y la muerte dentro de sí mismo. Poniendo Su propia mente en nosotros, Jesús hizo los arreglos para que nos llenemos de vida. Podemos escoger fluir en la mente de Cristo.

En las siguientes páginas de este capítulo hay una lista de cosas a fin de ordenar el fluir en la mente de Cristo.

## 1. Piensa en cosas positivas.

> *¿Andan dos hombres juntos si no se han puesto de acuerdo?*

> Amós 3:3

Si una persona está pensando de acuerdo con la mente de Cristo, ¿cuáles serán sus pensamientos? Seguro que serán positivos. En un capítulo anterior ya hemos expuesto la absoluta necesidad de pensar positivamente. Quizás desees volver al capítulo 5, a este punto, y refrescarte la memoria sobre la importancia de ser positivo. Yo acabo de volver atrás y releerlo, y recibir bendición a pesar de que yo misma lo escribí.

Nunca se dirá lo suficiente acerca del poder de ser positivo. Dios es positivo, y si tú y yo queremos fluir con Él, tenemos que sintonizarnos en la misma longitud de onda y empezar a pensar positivamente. No estoy hablando de ejercer el control mental, sino sólo de ser una persona positiva en todo.

Ten un aspecto y actitud positivos. Mantén pensamientos y expectativas positivas. Ten conversaciones positivas.

Ciertamente Jesús mostraba una apariencia y actitud positivas: soportó muchas dificultades, incluidos ataques personales; le calumniaron; Sus discípulos lo abandonaron cuando más falta le hacían; se burlaron de Él; se quedó solo, incomprendido; y mil decepciones más. Sin embargo, en medio de todas esas experiencias negativas, Él permanecía positivo.

Siempre tenía un comentario alentador, una palabra de estímulo; siempre daba esperanzas a todos aquellos que le rodeaban.

La mente de Cristo en nosotros es positiva; por lo tanto, en cualquier momento en que nos pongamos negativos, no estamos operando con la mente de Cristo. Millones de personas sufren de depresión, y no pienso que sea posible estar deprimido sin ser negativo; a menos que la causa sea patológica. Aun en ese caso, ser negativo sólo aumentará el problema y sus síntomas.

De acuerdo con el Salmo 3:3, Dios es nuestra gloria y el que levanta nuestras cabezas. Él quiere levantarlo todo: nuestras esperanzas, nuestras actitudes, nuestro ánimo, nuestra cabeza, manos y corazón; nuestra vida completa. ¡Él es nuestro Divino Levantador!

Dios desea levantarnos, y el diablo quiere aplastarnos. Satanás emplea los sucesos y situaciones negativos de nuestra vida para deprimirnos. El diccionario define el término "deprimir" como "decaer el ánimo: entristecer".[1] De acuerdo con el Diccionario algo que está *deprimido* está "hundido bajo el nivel del plano que lo rodea".[2] *Deprimir* significa hundir, humillar, rebajar o mantener por debajo del nivel del suelo. Regularmente tenemos la oportunidad de pensar en cosas negativas, pero eso sólo nos hundirá más todavía. Ser negativo no resolverá nuestros problemas; únicamente los agravará.

## Para vencer la depresión

El Salmo 143:3-10 nos describe la depresión y cómo vencerla. Examinemos este pasaje en detalle, para ver los pasos que podemos dar a fin de sobreponernos a este ataque del enemigo:

### 1. Identificar la naturaleza y la causa del problema.

*Pues el enemigo ha perseguido mi alma, ha aplastado mi vida contra la tierra; me ha hecho morar en lugares tenebrosos, como los que hace tiempo están muertos.*

Salmo 143:3

"Morar en lugares tenebrosos, como los que hace tiempo están muertos" sí que me suena como alguien que está deprimido.

Observa que la causa o fuente de esta depresión, de este ataque sobre el alma, es Satanás.

## 2. Reconocer que la depresión roba la vida y la luz.

*Y en mí languidece mi espíritu [envuelto en abatimiento]; mi corazón está consternado dentro de mí.*

Salmo 143:4

La depresión oprime la libertad y poder espiritual de una persona.

Nuestro espíritu (fortalecido y alentado por el Espíritu de Dios) es poderoso y libre. Por lo tanto, Satanás busca oprimir su poder y libertad, llenando nuestra mente con oscuridad y abatimiento. Por favor, comprende que es vital resistir a ese sentimiento llamado "depresión" en cuanto nos percatemos de que ha llegado. Cuanto más se le permita permanecer, más difícil se vuelve resistirlo.

## 3. Recordar los buenos tiempos.

*Me acuerdo de los días antiguos, en todas tus obras medito, reflexiono en la obra de tus manos.*

Salmo 143:5

En este versículo vemos la reacción del salmista a su situación. Recordar, meditar y reflexionar son todas funciones de la mente.

Es obvio que él sabe que estos pensamientos afectarán sus sentimientos, así que se ocupa pensando en la clase de cosas que lo ayudarán a sobreponerse al ataque sobre su mente.

### 4. Alabar al Señor en medio del problema.

*A ti extiendo mis manos; mi alma te anhela
como la tierra sedienta.*

Salmo 143:6

El salmista conoce la importancia de la alabanza; levanta sus manos en adoración. Declara cuál es de veras su necesidad: es Dios. Únicamente el Señor puede hacerlo sentirse satisfecho.

Demasiado a menudo, cuando la gente se deprime, es porque necesita algo, y lo busca donde no debe, con lo que sólo añade a sus problemas.

En Jeremías 2:13 el Señor dice: *Porque dos males ha hecho mi pueblo: me han abandonado a mí, fuente de aguas vivas, y han cavado para sí cisternas, cisternas agrietadas que no retienen el agua.*

Únicamente Dios puede calmar la sed del sediento. No te dejes engañar pensando que cualquier otra cosa puede satisfacerte del todo y por completo. Correr tras las cosas equivocadas siempre te dejará decepcionado, y la decepción abre la puerta a la depresión.

### 5. Pídele ayuda a Dios.

*Respóndeme pronto, oh Señor, porque mi espíritu desfallece; no escondas de mí tu rostro, para que no llegue yo a ser como los que descienden a la sepultura.*

Salmo 143:7

El salmista pide ayuda. Básicamente está diciendo: "Apresúrate, Dios, porque no seré capaz de sostenerme mucho más tiempo sin Ti".

### 6. Escucha al Señor.

*Por la mañana hazme oír tu misericordia, porque en ti confío; enséñame el camino por el que debo andar, pues a ti elevo mi alma.*

Salmo 143:8

El salmista sabe que necesita escuchar a Dios. Necesita sentirse seguro del amor y la bondad de Dios. Le hace falta la atención y dirección de Dios.

### 7. Ora por la liberación.

*Líbrame de mis enemigos, oh Señor; en ti me refugio.*

Salmo 143:9

Una vez más el salmista declara que únicamente Dios puede ayudarlo.

Observa, por favor, que a lo largo de este discurso está manteniendo su mente en Dios y no en el problema.

### 8. Busca la sabiduría, el conocimiento y la guía de Dios.

*Enséñame a hacer tu voluntad, porque tú eres mi Dios; tu buen Espíritu me guíe a tierra firme.*

Salmo 143:10

Quizás el salmista está indicando que él se ha salido de la voluntad de Dios y así ha abierto la puerta para el ataque sobre su alma. Ahora quiere estar dentro de la voluntad de Dios porque se ha dado cuenta de que es el único lugar seguro donde puede estar.

Entonces le pide a Dios que lo ayude a ser estable. Creo que su frase: "Tu buen Espíritu me guíe a tierra firme", se refiere a sus emociones inestables. Quiere estar equilibrado; no subiendo y bajando.

## Emplea tus armas

*Porque las armas de nuestra contienda no son carnales [armas de carne y sangre], sino poderosas en Dios para la destrucción de fortalezas; [por cuanto nosotros vamos] destruyendo especulaciones y todo razonamiento altivo que se levanta contra el [verdadero] conocimiento de Dios, y poniendo todo pensamiento en cautiverio a la obediencia de Cristo (el Mesías, el Ungido).*

2 Corintios 10:4-5

Satanás emplea la depresión para arrastrar a millones hacia el abismo de las tinieblas y la desesperación. Con frecuencia el resultado de la depresión es el suicidio. Un suicida es una persona que se ha vuelto tan negativa que no ve absolutamente ninguna esperanza para el futuro.

Recuerda: *Los sentimientos negativos provienen de pensamientos negativos.*

La mente es el campo de batalla, el lugar donde se pierde o se gana la batalla. Escoge hoy ser positivo —echando por tierra toda idea negativa— y trayendo tus pensamientos a la obediencia de Jesucristo (2 Corintios 10:5).

## 2. Ten la mente en Dios

*Al de firme propósito [tanto su inclinación como su carácter] guardarás en perfecta paz, porque en ti confía (se dedica a Ti, se apoya en Ti).*

Isaías 26:3

Jesucristo tiene una continua confraternidad con Su Padre celestial. Es imposible tener una completa confraternidad con alguien sin tener tu mente puesta en ese individuo. Si mi esposo y yo estamos juntos en el auto, y él está hablándome, pero yo tengo mi mente en otra cosa, no tenemos verdadera confraternidad porque no le estoy prestando toda mi atención. Por eso creo que podemos decir con certeza que los pensamientos de una persona que funciona en la mente de Cristo estará en Dios y en toda Su poderosa obra.

# Medita en Dios y en Sus obras

*Como médula y grosura está saciada mi alma; y con labios jubilosos te alaba mi boca.*
*Cuando en mi lecho me acuerdo de ti, en ti medito durante las vigilias de la noche.*

Salmo 63:5-6

*Meditaré en toda tu obra, y reflexionaré en tus [poderosos] hechos.*

Salmo 77:12

*Meditaré en tus preceptos, y consideraré tus caminos [los senderos de la vida marcados por tu ley].*

Salmo 119;15

*Me acuerdo de los días antiguos, en todas tus obras medito, reflexiono en la obra de tus manos.*

Salmo 143:5

El salmista David habla con frecuencia acerca de meditar en Dios, Su bondad y Sus obras y caminos. Es sumamente edificante pensar en la bondad de Dios y en todas las maravillosas obras de Sus manos.

Yo disfruto viendo en la televisión programas sobre la naturaleza, los animales, la vida en los océanos, etcétera, porque reflejan la grandeza, lo asombrosamente maravilloso que es Dios, Su infinita creatividad y cómo sostiene todas las cosas con Su poder (Hebreos 1:3).

Es necesario convertir la meditarción sobre Dios y Sus caminos y obras, en una parte regular de tu vida interior, si quieres saborear la victoria.

Uno de mis versículos preferidos es el Salmo 17:15 en el cual el salmista dice del Señor: *En cuanto a mí, en justicia contemplaré tu rostro, al despertar, me saciaré cuando contemple tu imagen [y tenga una dulce comunión contigo].*

Yo pasé muchos días infelices porque, en cuanto me despertaba cada mañana, empezaba a pensar en todas las cosas malas. Puedo decir con toda verdad, que desde que el Espíritu Santo me ayudó a operar desde la mente de Cristo (la mente del Espíritu) que está dentro de mí, me he sentido totalmente satisfecha. El modo seguro de empezar a disfrutar de la vida, es tener confraternidad con Dios temprano en la mañana.

## Confraternidad con el Señor

*...porque si no me voy, el Consolador (el Consejero, Ayudador, Abogado, Intercesor, Fortalecedor, Paracleto) no vendrá a vosotros [en íntima confraternidad con vosotros]; pero si me voy, os lo enviaré [para que esté en íntima confraternidad con vosotros].*

Juan 16:7

Estas palabras las pronunció Jesús justamente antes de subir al cielo donde está sentado a la diestra del Padre en gloria. Por esta Escritura es obvio que la voluntad de Dios es que estemos en íntima confraternidad con Él.

Nada está más cerca de nosotros que nuestros pensamientos. Por lo tanto, si llenamos nuestra mente con el Señor, eso lo traerá a nuestra conciencia y empezaremos a disfrutar una confraternidad con Él, que traerá gozo, paz y victoria en nuestra vida diaria.

Él está siempre con nosotros, tal como Él lo prometió (Mateo 28:20; Hebreos 13:5). Pero no estaremos conscientes de Su Presencia a menos que pensemos en Él. Puedo estar en una habitación con alguien y si tengo mi mente en mil otras cosas, puedo irme y nunca llegar a saber que esa persona estaba allí. Así son las cosas relacionadas con nuestros privilegios en el Señor. Él siempre está con nosotros, pero tenemos que pensar en Él y estar conscientes de Su Presencia.

### 3. Piensa siempre: "Dios me Ama"

*Y nosotros hemos llegado a conocer (entender, reconocer, estar conscientes de, por observación y por experiencia) y hemos creído (adherido a, y puesto fe en, y confiado en) el amor que Dios tiene para nosotros. Dios es amor, y el que permanece en amor permanece en Dios y Dios permanece en él.*

1 Juan 4:16

He aprendido que en cuanto al amor de Dios, es verdad lo mismo que es verdad en cuanto a Su Presencia. Si nunca meditamos en Su amor por nosotros, no podremos experimentarlo.

Pablo oraba en Efesios 3 para que la gente experimentara el amor de Dios en sí misma. La Biblia dice que Él nos ama. Pero ¿cuántos hijos de Dios todavía carecen de una revelación respecto al amor de Dios?

Recuerdo cuando empecé el "Ministerio vida en la Palabra". La primera semana que iba a dirigir un culto, le pregunté al Señor qué quería que enseñara y Él respondió: "Dile a Mi pueblo que lo amo".

Le argumenté: "¡Ya lo saben! Quiero enseñarles algo realmente poderoso, no una lección de Escuela Dominical sacada de Juan 3;16".

El Señor ripostó: "Muy pocos de mi pueblo saben en realidad cuánto los amo. Si lo supiesen, actuarían de un modo muy distinto".

Cuando comencé a estudiar el tema de recibir el amor de Dios, me percaté de que yo misma estaba desesperadamente necesitada de ello. El Señor me guió en mi estudio de 1 Juan 4:16, que establece que debemos darnos cuenta del amor de Dios. Eso significa que es algo de lo que deberíamos estar sumamente conscientes.

Yo tenía una especie de concepto inconsciente y vago de que Dios me amaba, pero el amor de Dios está destinado a ser una fuerza poderosa en nuestras vidas, una que nos lleve —aun a través de las pruebas más difíciles— hasta la victoria.

En Romanos 8:35 el apóstol Pablo nos exhorta: *¿Quién nos separará del amor de Cristo? ¿Tribulación, o angustia, o persecución, o hambre, o desnudez, o peligro, o espada?* Entonces en el versículo 37 él prosigue: *Pero en todas estas cosas somos más que vencedores por medio de aquel que nos amó.*

Estudié este aspecto por largo tiempo, y empecé a darme cuenta y a estar consciente del amor de Dios por mí, a fuerza de pensar en Su amor y confesarlo en voz alta. Aprendí Escrituras acerca del amor de Dios, y medité en ellas y las confesé en voz alta. Lo hice una y otra vez, repitiéndolo durante meses, y todo el tiempo la revelación de Su amor incondicional por mí se convertía día a día en una realidad cada vez más patente.

Ahora, Su amor es tan real para mí que incluso en los tiempos difíciles, me conforta el "conocimiento consciente" de que Él me ama y que ya no tengo que vivir con miedo.

# No temas

*En el amor no hay temor, sino que el perfecto*
*amor echa fuera el temor...*

1 Juan 4:18

Dios nos ama perfectamente, tal como somos. Romanos 5:8 nos dice que *...Pero Dios demuestra su amor para con nosotros, en que siendo aún pecadores, Cristo murió por nosotros.*

Los creyentes que operan desde la mente de Cristo no pensarán que son malos. Siempre tendrán la idea de que son buenos y justos. Tú deberías tener una conciencia de justicia, meditando en quién eres "en Cristo".

## Sé consciente de la justicia, no del pecado

*Al que no conoció pecado, [virtualmente] le hizo pecado por nosotros, [investido con, visto como, y ejemplo de] para que fuéramos hechos justicia de Dios en Él. [Lo que debemos ser, aprobados y aceptos, y en correcta relación con Él, por su bondad].*

2 Corintios 5:21

Un gran número de creyentes está atormentado por conceptos negativos acerca de sí mismos. Ideas acerca de cómo Dios tiene que estar muy disgustado con ellos por todas sus debilidades y fracasos.

¿Cuánto tiempo desperdicias viviendo hundido en la culpa y la condenación? Observa que dije cuánto tiempo *desperdicias,* porque eso es exactamente lo que es toda esa clase de pensamientos, ¡un desperdicio de tiempo!

No pienses en cuán terrible tú eras antes de venir a Cristo. En lugar de eso, piensa en cómo has sido hecho la justicia de

Dios en Él. Recuerda: *los pensamientos se convierten en actos.* Si quieres llegar a comportarte mejor alguna vez, primero tienes que cambiar tu modo de pensar. Sigue pensando en lo terrible que eras, y sólo conseguirás actuar peor. Cada vez que venga a tu mente una idea negativa y condenatoria, recuérdate a ti mismo que Dios te ama, que tú has sido hecho la justicia de Dios en Cristo.

Todo el tiempo estás cambiando para mejorar. Cada día estás creciendo espiritualmente. Dios tiene un plan glorioso para tu vida. Estas son las verdades en las que tienes que pensar.

*¡Esto es lo que se supone que estés haciendo con tu mente!*

Piensa deliberadamente de acuerdo con la Palabra de Dios; no te limites a pensar en cualquier idea que te caiga en la cabeza, recibiéndola como si fuera tuya.

*Reprende al diablo e inicia el avance pensando en ideas correctas.*

## 4. Ten una mente alentadora

*El que exhorta (alienta), en la exhortación...*

Romanos 12:8

La persona con la mente de Cristo tiene ideas positivas, alentadoras, edificantes acerca de otras personas, así como de sí misma y su propia situación.

En el mundo de hoy, hay gran necesidad del ministerio de la exhortación. Nunca podrás exhortar a nadie con tus palabras, si primero no tienes esa clase de conceptos acerca de esa persona. Recuerda que cualquier cosa que haya en tu corazón, saldrá por tu boca. Ocúpate a propósito en "pensar amoroso".

Envía pensamientos de amor hacia otras personas. Diles palabras de aliento.

El *Vine's Expository Dictionary of Old and New Testament Words* define el término griego *parakaleo,* que se traduce como *exhortar,* como "primeramente, llamar a una persona (*para* a un lado, *kaleo,* llamar) ...para amonestar, exhortar, urgir a uno a seguir una línea de conducta..."[3] Yo interpreto que esta definición significa llamar a un lado a una persona y urgirla a seguir adelante en procurar un curso de acción. El don ministrador de la exhortación de que se habla en Romanos 12:8 es evidente en quienes lo tienen. Siempre están diciendo algo alentador o edificante a todo el mundo; algo que los hace sentirse mejor y los alienta a seguir adelante.

Puede que todos no tengamos el don ministrador de la exhortación, pero todo el mundo puede aprender a ser alentador. La regla simple es: si no es bueno, entonces no lo pienses ni lo digas.

Cada cual tiene suficientes problemas ya, no necesitamos añadir a sus problemas, demoliéndolos. Deberíamos edificarnos unos a otros en amor (Efesios 4:29). No te olvides: el amor siempre cree lo mejor de todos (1 Corintios 13:7).

Cuando empieces a pensar con amor de otros, descubrirás que ellos se comportan de una manera más amorosa. Los pensamientos y las palabras son recipientes o armas para llevar poder creativo o destructivo. Pueden emplearse contra Satanás y sus obras, o de hecho pueden ayudarlo en su plan de destrucción.

Digamos que tienes un hijo que tiene algunos problemas de conducta y definitivamente necesita cambiar. Oras por él y le pides a Dios que obre en su vida, haciendo cualesquiera cambios que sean necesarios. Ahora ¿qué haces con tus conceptos y palabras relativas a él durante el período de espera? Mucha gente nunca ve la respuesta a sus oraciones porque niegan lo que han pedido con sus pensamientos y palabras antes de que Dios llegue a tener una oportunidad de obrar en su beneficio.

¿Oras para que tu hijo cambie y después le das vueltas a toda clase de pensamientos negativos acerca de él? O quizás oras por un cambio y después piensas, o incluso le dices a otros: "¡Este chico nunca cambiará!" Para vivir en victoria, tienes que empezar a alinear tus pensamientos con la Palabra de Dios.

*No estamos andando en la Palabra si nuestros pensamientos son opuestos a lo que dice. No estamos andando en la Palabra si no estamos pensando en la Palabra.*

Cuando ores por alguien, alinea tus pensamientos y palabras con lo que tú has orado y empezarás a ver una brecha abierta.

No estoy sugiriendo que pierdas el equilibrio. Si tu hijo tiene un problema de conducta en la escuela y un amigo pregunta cómo le va, ¿qué debes responder, si en realidad no se ha manifestado ningún cambio? Puedes decir: "Bueno, todavía no hemos visto la brecha abierta, pero creo que Dios está obrando y que este muchacho es un prospecto del Señor. Lo veremos cambiar de gloria en gloria, poco a poco, día tras día".

## 5. Desarrolla una mente agradecida

*Entrad por sus puertas con acción de gracias,*
*y a sus atrios con alabanza. Dadle gracias,*
*bendecid su nombre.*

Salmo 100.4

Una persona que fluye en la mente de Cristo encontrará que sus pensamientos están llenos con alabanza y agradecimiento.

Muchas puertas se le abren al enemigo mediante la queja. Algunas personas están físicamente enfermas y viven vidas débiles e impotentes debido a esa enfermedad llamada "quejarse" que ataca los pensamientos y la conversación de la gente.

No puede vivirse una vida poderosa sin acción de gracias. La Biblia nos instruye una y otra vez en el principio de la acción de gracias. Quejarse en el pensamiento o de palabra es un principio de muerte, pero ser agradecido y decirlo es un principio de vida.

Si una persona no tiene un corazón (mente) agradecido, la acción de gracias no saldrá de su boca. Cuando somos agradecidos, lo decimos.

## Sé agradecido en todo momento

*Por tanto, ofrezcamos continuamente mediante Él, sacrificio de alabanza a Dios, es decir, el fruto de labios que [agradecidos reconocen y] confiesan Su nombre.*

Hebreos 13:15

¿Cuándo ofrecemos alabanza agradecida? En todo momento —en cualquier situación, en todas las cosas— y al hacerlo, entramos en la vida victoriosa donde el diablo no puede controlarnos.

¿Cómo podría controlarnos si estamos jubilosos y agradecidos, no importa cuál sea nuestra situación? Admito que esta clase de estilo de vida a veces requiere un sacrificio de alabanza o agradecimiento, pero yo prefiero sacrificar mi agradecimiento a Dios que sacrificar mi gozo a Satanás. He aprendido (del modo más difícil) que si me pongo gruñona y me niego a dar gracias, después termino perdiendo mi gozo. En otras palabras, lo perderé arrebatado por el espíritu de la queja.

En el Salmo 34:1 el salmista dice: *Bendeciré al Señor en todo tiempo; continuamente estará su alabanza en mi boca.* ¿Cómo puedo ser una bendición para el Señor? Teniendo Su alabanza *continuamente* en nuestros pensamientos y bocas.

Sé una persona agradecida; llena de gratitud no sólo hacia Dios, sino también hacia la gente. Cuando alguien hace algo amable en favor tuyo, muéstrale cuánto se lo agradeces.

Muestra agradecimiento en tu familia, entre los distintos miembros. Muy a menudo, tomamos por descontado las cosas con las que Dios nos ha bendecido. Un modo seguro de perder algo es no agradecerlo.

Yo doy gracias a mi esposo; hemos estado casados largo tiempo, pero todavía le digo cuán agradecida le estoy. Él es un hombre muy paciente en muchas formas, y tiene muchas otras buenas cualidades. Sé que hacerle patente a la gente que le estamos agradecidos, ayuda a edificar y mantener una buena relación, incluso mencionando ciertas cosas específicas que les agradecemos.

Yo trato con mucha gente, y me sigue asombrando cómo algunas personas agradecen cada cosita que se hace por ellas, y mientras otras no están nunca satisfechos, no importa cúanto se haga en su beneficio. Creo que el orgullo tiene algo que ver con este problema. Algunos individuos están llenos de sí mismo, que no importa lo que otros hagan por ellos, creen que se merecen no sólo eso, ¡sino más! Rara vez expresan agradecimiento.

Mostrar agradecimiento no sólo es bueno para el otro, sino también para nosotros, porque libera el gozo en nosotros.

Medita diariamente en todas las cosas por las que tienes que estar agradecido. Enuméraselas a Dios en oración, y mientras lo hagas descubrirás que tu corazón se llena de vida y luz.

## Da gracias siempre por todo

*Y no os embriaguéis con vino, en lo cual hay disolución, sino sed llenos del Espíritu [Santo], hablando entre vosotros con salmos, himnos y cantos espirituales, cantando [y tocando instrumentos] y alabando con vuestro corazón al Señor; dando siempre gracias por todo, en el nombre de nuestro Señor Jesucristo, a Dios, el Padre.*

Efesios 5:18-20

¡Qué poderosa porción de las Escrituras!

¿Cómo podemos tú y yo permanecer siempre llenos del Espíritu Santo? Repitiéndonos (en la mente) o unos a otros (verbalmente) salmos e himnos y cánticos espirituales. En otras palabras, manteniendo nuestros pensamientos y palabras en la Palabra de Dios y llenos de ella; ofreciendo alabanza *en todo momento y por todo, dando gracias.*

## 6. Ten en tu mente la Palabra

*Y su palabra (Su pensamiento) no la tenéis morando en vosotros, porque no creéis [ni os adherís ni confiáis ni os apoyáis en] aquel que Él envió. [Por eso no guardáis su mensaje viviendo en vosotros, porque no creéis en el mensajero a quien él ha enviado.]*

Juan 5:38

La Palabra de Dios es Su pensamiento escrito en papel para que la estudiemos y analicemos. Su Palabra es cómo Él piensa acerca de cada situación y cada tema.

En Juan 5:38 Jesús estaba castigando a algunos incrédulos. Vemos por esta traducción que la Palabra de Dios es una expresión escrita de Sus pensamientos y que la gente que quiere creer y sentir todos los buenos resultados de creer, tiene que permitir que Su Palabra sea un mensaje vivo en sus corazones. Esto se logra meditando en la Palabra de Dios. Así es como Sus pensamientos pueden volverse nuestros pensamientos; el único modo de desarrollar la mente de Cristo en nosotros.

La Biblia en Juan 1:14 dice que Jesús era la Palabra hecha carne. Eso no hubiese sido posible si Su mente no hubiera estado continuamente llena de la Palabra de Dios.

Meditar en la Palabra de Dios es uno de los más importantes principios de la vida que podemos aprender. El *Vine's Expository Dictionary of Old and New Testament Words* define así los dos términos griegos traducidos como *meditar:*

"...cuidar de", "atender, practicar", "ser diligente en", "practicar [en] el sentido más conocido de la palabra", "ponderar, imaginar", "premeditar..." Otra fuente añade "murmurar" o "balbucear" a la definición.[5]

Nunca podré enfatizar lo suficiente cuán importante es este principio. Lo llamo un principio de vida, porque meditar en la Palabra de Dios te ministrará vida a ti y, en última instancia, a los que te rodean.

Muchos cristianos sienten miedo de "meditar" en la Palabra debido a las prácticas de meditación de las religiones ocultistas y paganas. Pero te exhorto a recordar que Satanás nunca ha tenido en realidad una idea original. Él toma lo que pertenece al Reino de la Luz y lo pervierte para el reino de las tinieblas. Tenemos que ser bastante sabios para comprender que si la meditación produce semejante poder para el lado del mal, también producirá poder para la causa del bien. El principio de la meditación viene directamente de la Palabra de Dios; echemos un vistazo a lo que la Biblia tiene que decir de esto.

## Medita y prosperarás

*Este libro de la Ley no se apartará de tu boca, sino que meditarás en él día y noche, para que cuides de hacer todo lo que en él está escrito; porque entonces harás prosperar tu camino y tendrás éxito.*

Josué 1:8

En este versículo, el Señor nos está diciendo muy claro que nunca pondremos Su Palabra en práctica físicamente, si no la practicamos primero mentalmente.

El Salmo 1:2-3 habla del hombre devoto y dice: *Sino que en la ley del Señor está su deleite, y en su ley (los preceptos, las instrucciones, las enseñanzas de Dios) medita (pondera y estudia) de día y de noche. Será como árbol firmemente plantado [y atendido] junto a corrientes de agua, que da su fruto a su tiempo, y su hoja no se marchita; en todo lo que hace, prospera [y llega a madurar].*

## Medita y sé sano

*Hijo mío, presta atención a mis palabras, inclina tu oído a mis razones; que no se aparten de tus ojos, guárdalas en medio de tu corazón. Porque son vida para los que las hallan, y salud para todo su cuerpo.*

Proverbios 4:20-22

Recordando que una de las palabras definitorias para "meditar" es atender, ten en cuenta este pasaje de la Escritura, que dice que las palabras del Señor son una fuente de salud y curación de la carne.

Meditar (ponderar, pensar acerca de) la Palabra de Dios en nuestra mente, en realidad afectará nuestro cuerpo. Mi apariencia ha cambiado durante los últimos dieciocho años. Las personas me dicen que en realidad luzco al menos quince años más joven hoy, de lo que lucía cuando empecé a estudiar con ahínco la Palabra y convertirla en el punto central de mi vida entera.

## Escuchar y cosechar

*También les decía: "Cuidaos de lo que oís; con la medida [de reflexión y estudio] con que medís [la verdad que oís] seréis medidos [en virtud y conocimiento] [que recibiréis], y [además] aun más se os dará.*

Marcos 4:24

Este es como el principio de sembrar y cosechar. Cuanto más sembremos, más recolectaremos en la época de la cosecha. El Señor nos está diciendo en Marcos 4:24 que mientras más tiempo dediquemos personalmente tú y yo a pensar en la Palabra que oímos y a estudiarla, más sacaremos de ella.

## Leer y recolectar

*[La cosas están ocultas temporalmente sólo como un medio de revelación.] Porque nada hay oculto, si no es para que sea manifestado; ni nada ha estado [temporalmente] en secreto, sino para que salga a la luz.*

Marcos 4:22

Estos dos versículos juntos seguramente nos están diciendo que la Palabra tiene escondidos tremendos tesoros, poderosos secretos que dan vida, que Dios desea revelarnos. Estos les son revelados a quienes meditan en la Palabra de Dios, la estudian, piensan en ella, la practican mentalmente y la murmuran.

Conozco personalmente, como maestra de la Palabra de Dios, la verdad de este principio. Tal parece que no hubiera fin a lo que Dios puede mostrarme en un solo versículo de la Escritura. La estudio una vez y obtengo una cosa, y otra vez veo otra nueva que ni siquiera había sospechado antes.

El Señor sigue revelando Sus secretos a quienes son aplicados con respecto a la Palabra. No seas la clase de persona que siempre quiere vivir de la revelación dada a otro. Estudia la Palabra tú mismo y permite que el Espíritu Santo bendiga tu vida con la verdad.

Yo pudiera extenderme más y más con respecto al tema de meditar en la Palabra de Dios. Como ya he dicho, es una de las cosas más importantes que tú y yo podemos aprender a hacer. A lo largo de todo el día, mientras te ocupas de tus quehaceres diarios, pídele al Espíritu Santo que te recuerde ciertas Escrituras para que puedas meditar en ellas. Te asombrará cúanto poder se liberará en tu vida por medio de esta práctica. Cuanto más medites en la Palabra de Dios, más serás capaz de obtener de su fortaleza en momentos difíciles. Recuerda: *el poder de cumplir la Palabra viene de la práctica de meditar en ella.*

## Da la bienvenida a la Palabra

*Por lo cual, desechando toda inmundicia y todo resto de malicia, recibid con humildad (gentileza modesta) la palabra implantada [en vuestros corazones], que es poderosa para salvar vuestras almas.*

Santiago 1:21

Vemos por esta Escritura que la Palabra tiene el poder de salvarnos de una vida de pecado, pero sólo cuando la recibimos con agrado y la implantamos y echa raíces en nuestros corazones (mentes). Esta implatación y enraizamiento tiene lugar cuando atendemos a la Palabra de Dios; al tenerla en nuestra mente más que ninguna otra cosa.

Si tú y yo meditamos en nuestros problemas todo el tiempo, echarán más raíces en nosotros. Si meditamos en lo que está mal en nosotros o en otros, nos imbuiremos más profundamente del problema, y nunca veremos la solución. Es como si hubiera un océano lleno de vida disponible para nosotros, y el instrumento que se nos da para sacarla es el estudio y meditación acuciosos de la Palabra de Dios.

Nuestro ministerio se llama "Vida en la Palabra", y puedo decir por experiencia que verdaderamente hay vida en la Palabra de Dios.

## ¡Escoge la vida!

*Porque la mente puesta en la carne [que es sensación y razón sin el Espíritu Santo] es muerte [muerte que comprende todas las miserias que bro-*

165

*tan del pecado, tanto aquí como en lo adelante]. Pero la mente puesta en el Espíritu [Santo] es vida y paz [para el alma, tanto ahora como para siempre].*

Romanos 8:6

Llamar tu atención otra vez hacia Filipenses 4:8 me parece un buen modo de cerrar esta sección del libro: ...*Por lo demás, hermanos, todo lo que es verdadero, todo lo digno, todo lo justo, todo lo puro, todo lo amable, todo lo honorable, si hay alguna virtud o algo que merece elogio, en esto meditad [fijad vuestras mentes en ello].*

En esta Escritura se describe la condición en que debe estar tu mente. Tienes la mente de Cristo; comienza a usarla. Si Él no hubiera pensado en algo, tú tampoco debes hacerlo.

Es mediante esta continua "vigilancia" sobre tus pensamientos que empiezas a llevar cautivo todo pensamiento a la obediencia de Jesucristo (2 Corintios 10:5).

El Espíritu Santo te avisa rápidamente si tu mente está encaminándose en dirección equivocada, entonces la decisión es tuya: ¿Fluirás en la mente de la carne o en la mente del Espíritu? La una conduce a la muerte; la otra, a la vida. La decisión es tuya.

*¡Escoge la vida!*

## NOTAS

1. *Webster's II New Riverside University Dictionary,* s.v. "depress".

2. Ibid., s.v. "depressed".

3. W.E. Vine, *Vine's Expository Dictionary of Old and New Testament Words* (Old Tappan: Fleming H. Revell Company, 1981), Vol. 2:E-Li, p. 60.

4. Ibid., Vol. 3: Lo-Ser, p. 55.

5. James Strong, *Strong's New Exhaustive Concordance of the Bible* (Nashville: Thomas Nelson Publishers, 1984), "Hebrew and Chaldee Dictionary", p. 32.

Tercera parte:

# Mentalidades desérticas

# Introducción

*Hay [sólo] once días de camino desde Horeb, por el camino del monte Seir, hasta Cades-barnea [en la frontera de Canaán; pero Israel demoró cuarenta años en atravesar ese terreno].*

Deuteronomio 1:2

La gente de la nación de Israel vagó por el desierto durante cuarenta años para hacer un recorrido que en realidad demora once días. ¿Por qué? ¿Fueron sus enemigos, su situación, las pruebas a lo largo del camino o algo enteramente diferente lo que les impidió llegar a su destino?

Mientras yo estaba ponderando esta situación, Dios me dio una revelación poderosa que me ha ayudado personalmente, así como a miles de otros. El Señor me dijo: "Los hijos de Israel gastaron cuarenta años en el desierto haciendo un viaje de once días porque tenían 'mentalidad desértica'".

## Bastante habéis permanecido aquí

*El Señor nuestro Dios nos habló en Horeb, diciendo: "Bastante habéis permanecido en este monte".*

Deuteronomio 1:6

Realmente no debiéramos mirar a los israelitas con tanto asombro, porque la mayoría de nosotros hace lo mismo que ellos hicieron. Seguimos dando vueltas y vueltas alrededor de las mismas montañas, en lugar de adelantar. El resultado es que nos toma años alcanzar la victoria sobre algo que debió —y pudo— haberse resuelto rápidamente.

Pienso que el Señor nos está diciendo hoy a ti y a mí lo mismo que le dijo a los hijos de Israel en su día:

*"Bastante habéis permanecido en la misma montaña; es tiempo de seguir adelante".*

## Pon la mira y mantenla puesta

*Poned la mira en las cosas de arriba*
*[las cosas elevadas], no en las de la tierra.*

Colosenses 3:2

Dios me mostró diez "mentes desérticas" que tenían los israelitas, las cuales los mantuvieron en el desierto. Una mentalidad desértica es un modo de pensar equivocado.

Podemos tener modos de pensar correctos o equivocados. Los correctos nos benefician, y los equivocados nos hacen daño y obstaculizan nuestro progreso. Colosenses 3:2 nos enseña a poner la mira en lo alto y mantenerla puesta. Necesitamos que nuestras mentes se fijen en la dirección correcta. Los modos de pensar equivocados no sólo afectan nuestra situación, sino también nuestra vida interior.

Alguna gente *vive* en un desierto, mientras otros *están* en un desierto.

Hubo un tiempo en que mi situación no era del todo mala, pero no podía disfrutar de nada en la vida porque yo era un "desierto" por dentro. Dave y yo teníamos una casa muy agradable, tres hijos adorables, buenos empleos y suficiente dinero para vivir cómodamente. Yo no podía disfrutar de nuestras bendiciones porque tenía varias mentalidades desérticas. Mi vida me parecía un desierto porque esa era la manera en que yo lo veía todo.

Algunas personas ven las cosas negativamente porque han pasado por experiencias muy desgraciadas toda su vida y no pueden imaginar que algo mejore. Además hay alguna gente que ven todo tan malo y negativo simplemente porque ese es el modo en que son por dentro. Cualquiera que sea la causa, una perspectiva negativa deja a una persona desgraciada y casi incapaz de hacer progreso alguno hacia la Tierra Prometida.

Dios había sacado a los hijos de Israel de la esclavitud en Egipto para ir a la tierra que Él había prometido darles como herencia perpetua; una tierra que fluía lecha y miel, y toda cosa buena que ellos pudieran imaginar; una tierra donde no habría escasez de nada que ellos necesitaran; una tierra de prosperidad en todos los aspectos de su existencia.

La mayoría de la generación que el Señor sacó de Egipto jamás entró en la Tierra Prometida; en vez de eso, murieron en el desierto. Para mí, esa es una de las cosas más tristes que le puedan suceder a un hijo de Dios; tener tanto a su disposición y sin embargo no ser capaz de disfrutar nada de ello.

Durante muchos años de mi vida cristiana yo fui una de esas personas. Estaba en camino a mi Tierra Prometida (el cielo), pero no estaba disfrutando el viaje. Me estaba muriendo en el desierto. Pero, gracias a Dios por Su misericordia, una luz brilló en mis tinieblas, y Él me sacó de allí.

Oro para que esta sección del libro sea una luz para ti y te prepare para salir del desierto hacia la gloriosa luz del maravilloso Reino de Dios.

# 16

# "Mi futuro está determinado por mi pasado y mi presente"

## Mentalidad desértica # 1

*Donde no hay visión, el pueblo se desenfrena...*

Proverbios 29:18

Los israelitas no tenían una visión positiva de sus vidas; no tenían sueños. Sabían de dónde venían, pero no sabían adonde iban. Todo estaba basado en lo que habían visto y lo que podían ver. No sabían cómo ver con "el ojo de la fe".

## Ungido para traer liberación

*El Espíritu del Señor está sobre mí, porque me ha ungido para anunciar el evangelio a los pobres. Me ha enviado para proclamar libertad a los cautivos, y la recuperación de la vista a los ciegos; para poner en libertad a los oprimidos; para proclamar el año favorable del Señor.*

Lucas 4:18-19

Provengo de unos antecedentes de abuso; crecí en un hogar que no funcionaba normalmente. Mi niñez estuvo llena de miedo y tormento. Los expertos dicen que la personalidad de un niño se forma durante los primeros cinco años de su vida. ¡Mi personalidad era un desastre! Yo vivía simulando tras los muros de protección que había levantado para impedir que la gente me lastimara. Mantenía fuera a los demás, pero yo me quedaba encerrada dentro. Yo era una dominante, tan llena de miedo que el único modo con que podía enfrentar la vida era sentir que lo controlaba todo, y entonces nadie podía lastimarme.

Como joven adulta tratando de vivir para Cristo y de seguir el estilo de vida cristiano, sabía de donde había venido, pero no sabía hacia donde iba. Sentía que mi futuro siempre estaría estropeado por mi pasado. Pensaba: "¿Cómo puede alguien que ha tenido la clase de pasado que yo tengo, estar bien alguna vez? ¡Es imposible!" Sin embargo, Jesús dijo que Él vino a sanar a los enfermos, acongojados, heridos y lastimados, aquellos quebrantados por la calamidad.

Jesús vino a abrir las puertas de las prisiones y liberar a los cautivos. Yo no mejoré en absoluto hasta que empecé a creer que podía ser liberada. Tuve que tener una visión positiva de mi vida; tuve que creer que mi futuro no estaba determinado por mi pasado ni aun por mi presente.

Puedes haber tenido un pasado infeliz, puedes incluso estar en una situación actual que sea muy negativa y deprimente. Puedes estar enfrentando situaciones tan malas que no tengas una verdadera razón para la esperanza. Pero te digo atrevidamente: *¡tu futuro no está determinado por tu pasado o tu presente!*

Adquiere un nuevo modo de pensar. Cree que con Dios todas las cosas son posibles (Lucas 18:27); con el hombre algunas cosas pueden ser imposibles, pero servimos a un Dios que creó de la nada todas la cosas que vemos (Hebreos 11:3). Dale a Él tu nada y obsérvalo trabajar. Todo lo que necesita es tu fe en Él. Él necesita que tú creas, y Él hará el resto.

## Ojos para ver, oídos para oír

*Y brotará un retoño del tronco de Isaí, y un vástago de sus raíces dará fruto.*

*Y reposará sobre Él el Espíritu del Señor, espíritu de sabiduría y de inteligencia, espíritu de consejo y de poder, espíritu de conocimiento y de temor del Señor. Se deleitará en el temor del Señor, y no juzgará por lo que vean sus ojos, ni sentenciará por lo que oigan sus oídos.*

Isaías 11:1-3

No podemos juzgar las cosas con precisión por la vista de nuestros ojos naturales. Tenemos que tener "ojos espirituales para ver" y "oídos para oír". Necesitamos escuchar lo que dice el Espíritu, no lo que dice el mundo. Permite que Dios te hable de tu futuro.... no otra persona.

Los israelitas constantemente miraban cómo eran las cosas y hablaban de eso. Dios los trajo de Egipto por la mano de Moisés, hablándoles a través de él acerca de la Tierra Prometida. Él deseaba que ellos mantuvieran los ojos en el lugar hacia donde iban... y fuera de donde habían venido. Echemos un vistazo a una pocas Escrituras que describen claramente su actitud equivocada.

## ¿Cuál es el problema?

*Y murmuraron contra Moisés y Aarón todos los hijos de Israel; y les dijo toda la congregación: ¡Ojalá hubiéramos muerto en la tierra de Egipto! ¡Ojalá hubiéramos muerto en este desierto!*

*¿Y por qué nos trae el Señor a esta tierra para caer a espada? Nuestras mujeres y nuestros hijos vendrán a ser presa. ¿No sería mejor que nos volviéramos a Egipto?*

Números 14:2-3

Te exhorto a examinar este pasaje con cuidado. Observa cuán negativa era esta gente; quejándose, listos para darse por vencidos fácilmente, prefiriendo volver a la esclavitud antes que seguir avanzando a través del desierto hasta la Tierra Prometida.

*En realidad, ellos no tenían un problema, ¡ellos eran el problema!*

## Malos pensamientos producen malas actitudes

*Y no había agua para la congregación; y se juntaron contra Moisés y Aarón.*

*El pueblo contendió con Moisés y le habló, diciendo: ¡Ojalá hubiéramos perecido cuando nuestros hermanos murieron [en la plaga] delante del Señor!*

Números 16:49

*¿Por qué, pues, has traído al pueblo del Señor a este desierto, para que nosotros y nuestros animales muramos aquí?*

Números 20:2-4

Es fácil ver por sus propias palabras que los israelitas no confiaban en Dios en absoluto. Tenían una mentalidad negativa de fracaso. Decidieron que fracasarían antes de haber empezado en realidad, sencillamente porque todas las circunstancias no eran perfectas. Desplegaron una actitud que provenía de un modo de pensar equivocado.

Las malas actitudes son el fruto de los malos pensamientos.

## Una falta de una actitud de gratitud

*Partieron del monte de Hor, por el camino del Mar Rojo, para rodear la tierra de Edom, y el pueblo se impacientó (deprimió, desalentó mucho) por causa [de las pruebas] del viaje.*

*Y el pueblo habló contra Dios y Moisés: ¿Por qué*

*nos habéis sacado de Egipto para morir en el desier-*
*to? Pues no hay comida ni agua, y detestamos este*
*alimento tan miserable (despreciable, insustancial).*

Números 21:4-5

Junto con todas las otras malas actitudes que ya hemos visto en las Escrituras anteriores, en este pasaje vemos evidencia en los israelitas de una tremenda falta de gratitud. Los hijos de Israel sencillamente no podían dejar de pensar en el lugar de donde venían y todo lo que les faltaba para llegar a donde iban.

Les hubiera ayudado, haber pensado en su antepasado Abraham, que atravesó por algunas experiencias desalentadoras en su vida, pero no permitió que afectaran negativamente su futuro.

## No hay vida sin contienda

*Hubo, pues, contienda entre los pastores del ganado*
*de Abram, y los pastores del ganado de Lot, y el*
*cananeo y el ferezeo habitaban entonces en aquella*
*tierra [dificultando más todavía obtener el forraje].*
*Y Abram dijo a Lot: Te ruego que no haya contienda*
*entre nosotros, ni entre mis pastores y tus pastores,*
*porque somos hermanos.*
*¿No está toda la tierra delante de ti? Te ruego que*
*te separes de mí; si vas a la izquierda, yo iré a la*
*derecha; y si a la derecha, yo iré a la izquierda.*
*Y alzó Lot los ojos y vio todo el valle del Jordán, el*
*cual estaba bien regado por todas partes (esto fue*
*antes de que el Señor destruyera a Sodoma y Gomo-*
*rra) como el huerto del Señor, como la tierra de*
*Egipto rumbo a Zoar.*
*Y escogió Lot para sí todo el valle del Jordán; y viajó*
*Lot hacia el oriente. Así se separaron el uno del otro.*

Génesis 13:7-11

Abraham conocía los peligros de vivir en contienda; por consiguiente, le dijo a Lot que necesitaban separarse. A fin de andar en amor, y para asegurar que no habría contienda entre ellos en el futuro, Abraham permitió que su sobrino escogiese primero cuál valle quería. Lot escogió el mejor —el valle del Jordán— y se separaron.

Debemos recordar que Lot nada tenía hasta que Abraham lo bendijo. Piensa en la actitud que Abraham pudo haber tenido, ¡pero decidió no tener! Él sabía que si actuaba como era debido, Dios cuidaría de él.

## Alza tus ojos y mira

*Y el Señor dijo a Abram después que Lot se había separado de él: "Alza ahora los ojos y mira desde el lugar donde estás hacia el norte, el sur, el oriente y el occidente; pues toda la tierra que ves te la daré a ti y a tu descendencia para siempre".*

Génesis 13:14-15

Este pasaje revela claramente que aunque Abraham se encontraba en una situación menos deseable después de su separación de su sobrino, Dios deseaba que él "alzara sus ojos" del lugar donde estaba al lugar adonde Él deseaba llevarlo.

Abraham tuvo una buena actitud con respecto a su situación, y como resultado el diablo no pudo impedir que las bendiciones de Dios cayeran sobre él. Dios le dio todavía más posesiones de las que disfrutaba antes de la separación, y lo bendijo poderosamente en todas las cosas.

Te exhorto a dar una mirada positiva a las posibilidades del futuro y a empezar a "llamar a las cosas que no son como si fueran" (Romanos 4:17). Piensa y habla de tu futuro de un modo positivo, de acuerdo con lo que Dios ha puesto en tu corazón, y no de acuerdo con lo que has visto en el pasado o estés viendo inclusive ahora.

# 17

# "Que alguien lo haga por mí; no quiero asumir la responsabilidad"

## Mentalidad desértica # 2

*Y Taré tomó a Abram su hijo, a su nieto Lot, hijo de Harán, y a Sarai su nuera, mujer de su hijo Abram; y salieron juntos de Ur de los caldeos, en dirección a la tierra de Canaán; y llegaron hasta Harán, y se establecieron allí.*

Génesis 11:31

A menudo la responsabilidad se define como nuestra reacción a la capacidad de Dios. Ser responsable es reaccionar a las oportunidades que Dios ha puesto frente a nosotros.

Dios le dio una responsabilidad al padre de Abram, una ocasión de reaccionar a Su capacidad. Colocó ante él la oportunidad de ir a Canaán. Pero en lugar de ir hasta el final con el Señor, él decidió detenerse y asentarse en Harán.

Es muy fácil entusiasmarse cuando Dios nos habla por primera vez y nos da una oportunidad de hacer algo. Pero, como Taré, muchas veces nunca terminamos lo que empezamos porque nos metemos en ello y comprendemos que hay mucho más implicado en eso que erizamientos y entusiasmo.

Muchas empresas nuevas son entusiasmantes simplemente porque son nuevas. El entusiasmo impulsará a una persona durante un poco, pero no la llevará hasta el final del trayecto. Muchos creyentes hacen lo que la Biblia dice que hizo Taré. Salen hacia algún lugar y se asientan en otra parte a lo largo del camino. Se cansan o se hastían; les gustaría terminar su viaje, pero en realidad no desean toda la responsabilidad que va implícita en ello. Si algún otro lo hiciera por ellos, les encantaría cosechar la gloria, pero es que esas cosas no funcionan así.

## La responsabilidad personal no puede delegarse

*Y sucedió que al día siguiente dijo Moisés al pueblo: "Vosotros habéis cometido un gran pecado, y yo ahora voy a subir al Señor, quizá pueda hacer expiación por vuestro pecado".*

*Entonces volvió Moisés al Señor, y dijo: "¡Ay! este pueblo ha cometido un gran pecado: se ha hecho un dios de oro. Pero ahora, si es Tu voluntad, perdona su pecado, y si no, bórrame del libro que has escrito".*

Éxodo 32:30-32

En mis lecturas y estudios, observé que los israelitas no quisieron asumir responsabilidad alguna. Moisés oraba por ellos; buscaba a Dios por ellos, incluso se arrepentía por ellos cuando se metían en problemas (Éxodo 32:1-14).

Un bebé no tiene responsabilidad alguna, pero cuando crece, se espera que asuma más y más responsabilidad. Una de las funciones principales de un padre, es enseñar a sus hijos a aceptar responsabilidad. Dios desea enseñar lo mismo a Sus hijos.

El Señor me dio una oportunidad de estar en un ministerio a tiempo completo; para enseñar Su Palabra en la radio y la televisión nacional; para predicar el Evangelio por todos los Estados Unidos y otras naciones. Pero puedo asegurarte que hay un aspecto de responsabilidad en ese llamado del que muchos nada saben. Mucha gente dice que quiere estar en el ministerio porque piensan que es un acontecimiento continuamente espiritual.

Muchas veces las personas solicitan un empleo en nuestra organización pensando que lo más grande que pudiera sucederles alguna vez sería convertirse en parte de un ministerio cristiano. Más tarde, descubren que tienen que trabajar allí lo mismo que en cualquier otro lugar; tienen que levantarse y llegar a tiempo, estar bajo autoridad, cumplir una rutina diaria, etcétera. Cuando la gente dice que quiere venir a trabajar con nosotros, les advierto que nosotros no flotamos alrededor de una nube todo el día cantando "Aleluya"; trabajamos, y trabajamos duro. Andamos en integridad y hacemos lo que hacemos de un modo excelente.

Por supuesto, es un privilegio trabajar para un ministerio, pero trato de hacerles entender a los nuevos solicitantes que cuando los erizamientos y la excitación se han calmado, encontrarán que esperamos grandes niveles de responsabilidad de su parte.

## ¡Mira la hormiga!

*Ve, mira la hormiga, perezoso, observa sus caminos, y sé sabio.*

*La cual sin tener jefe, ni oficial ni señor, prepara en el verano su alimento, y recoge en la cosecha su sustento.*

*¿Hasta cuándo, perezoso, estarás acostado? ¿Cuándo te levantarás de tu sueño?*

*Un poco de dormir, un poco de dormitar, un poco de cruzar las manos para descansar, y vendrá como vagabundo tu pobreza [con pasos lentos pero seguros], y tu necesidad como un hombre armado [que te dejará indefenso].*

Proverbios 6:6-11

Este modo de pensar perezoso que tenían los israelitas fue una de las cosas que los mantuvieron en el desierto cuarenta años para hacer un viaje de once días.

Me gusta leer este pasaje en Proverbios, donde se llama nuestra atención hacia la hormiga, quien sin tener supervisor ni capataz, provee para sí misma y su familia.

La gente que precisa tener siempre alguien que lo empuje, jamás hará nada grande. Aquellos que hacen lo correcto sólo cuando alguien los está mirando, nunca llegarán muy lejos. Tenemos que estar motivados desde adentro, no desde afuera. Tenemos que vivir nuestras vidas delante de Dios, sabiendo que Él lo ve todo y que nuestra recompensa vendrá de Él, si persistimos en hacer lo que Él nos ha pedido que hagamos.

## Muchos son llamados, pocos los escogidos

*...Porque muchos son llamados, pero pocos son escogidos.*

Mateo 22:14

Una vez oí a una maestra de Biblia decir que este versículo significa que a muchos se les llama o da una oportunidad de hacer algo por el Señor, pero muy pocos están dispuestos a asumir la responsabilidad de contestar ese llamado.

Tal como mencioné en un capítulo anterior, a mucha gente le gusta "rogarle a Dios pero no dar con el mazo". Las personas con una "mentalidad desértica" quieren tenerlo todo sin hacer nada.

## ¡Levántate y anda!

*Sucedió después de la muerte de Moisés, siervo del Señor, que el Señor habló a Josué, hijo de Nun, y ayudante de Moisés, diciendo: Mi siervo Moisés ha muerto, ahora pues, levántate, cruza este Jordán, tú y todo este pueblo, a la tierra que yo les doy a los hijos de Israel.*

*Todo lugar que pise la planta de vuestro pie os he dado, tal como dije a Moisés.*

Josué 1:1-3

Cuando Dios le dijo a Josué que Moisés había muerto y que él había de tomar su lugar y conducir al pueblo a través del Jordán hasta la Tierra Prometida, eso significó muchísima responsabilidad nueva para Josué.

Lo mismo sucede con nosotros cuando seguimos adelante a reclamar nuestra herencia espiritual. Tú y yo nunca tendremos el privilegio de levantarnos y ministrar bajo la unción de Dios si no estamos dispuestos a asumir nuestra responsabilidad seriamente.

## Mirad, ¡ahora es el momento favorable!

*El que observa el viento [y espera a que todas las condiciones sean favorables] no siembra, y el que mira las nubes no siega.*

Eclesiastés 11:4

En 1993, cuando Dios nos mostró a Dave y a mí que Él quería que apareciéramos en la televisión, Él dijo: "Les estoy dando una oportunidad de estar en la televisión; pero si no la aprovechan ahora, nunca se repetirá". Quizás si Dios no nos hubiera hecho saber que la oportunidad era sólo para ese momento particular, pudiéramos haberla pospuesto. Después de todo, finalmente habíamos alcanzado una posición donde podíamos estar cómodos.

Durante nueve años, habíamos estado en el proceso de "dar a luz" el ministerio "Vida en la Palabra". Ahora de pronto Dios nos estaba dando una oportunidad de alcanzar a más personas, que nosotros deseábamos con todo nuestro corazón. Sin embargo, a fin de hacerlo necesitaríamos dejar nuestra posición cómoda y asumir una nueva responsabilidad.

Cuando el Señor le pide a Su pueblo que haga algo, asalta la tentación de esperar por "un momento apropiado" (Hechos 24:25). Siempre existe la tendencia a esperar hasta que no nos cueste nada o no sea tan difícil.

Te exhorto a ser una persona que no tema a la responsabilidad. Encontrar resistencia aumentará tu fuerza. Si únicamente haces lo fácil, siempre serás débil.

Dios espera que tú y yo seamos responsables y cuidemos de todo lo que Él nos da; que hagamos algo que produzca fruto. Si no empleamos los dones y talentos que Él nos ha dado, no estamos siendo responsables de lo que Él nos ha confiado.

## ¡Estad preparados!

*Velad, pues [préstale estricta atención y sé cauteloso y activo], porque no sabéis ni el día ni la hora [en que el Hijo del Hombre vendrá].*

Mateo 25:13

Mateo 25 es el capítulo de la Biblia que nos enseña qué hemos de estar haciendo mientras esperamos por el regreso del Maestro.

Los primeros doce versículos nos hablan de diez vírgenes, cinco insensatas y cinco prudentes. Las insensatas no querían hacer nada extra para asegurarse de que estaban preparadas para encontrarse con Él cuando volviera. Hicieron lo mínimo que podían; no querían andar una milla más, así que tomaron sólo la cantidad de aceite que necesitaban para llenar sus lámparas. Las vírgenes prudentes, sin embargo, fueron más allá de lo imprescindible. Tomaron aceite de más, asegurando así que estarían preparadas para una larga espera.

Cuando llegó el novio, las insensatas vieron que sus lámparas se estaban apagando y quisieron, por supuesto, que las prudentes les dieran algún aceite del que ellas tenían. Eso es lo que sucede normalmente. La gente perezosa y que lo pospone todo, quiere que los que trabajaron duro y aceptaron responsabilidades, hagan lo que ellos debieran haber hecho por sí mismos.

## Usa lo que se te ha dado

*...Siervo malo y perezoso...*

Mateo 25:26

Mateo 25 después registra una parábola que Jesús contó acerca de tres siervos a quienes se les dieron talentos que pertenecían a su señor. El señor entonces se fue lejos a otro país, esperando que sus siervos cuidaran bien sus mercancías mientras él estaba lejos.

El hombre a quien había dado cinco talentos los usó. Los invirtió y ganó cinco más. El hombre que recibió dos talentos hizo lo mismo. Pero el que recibió un talento lo enterró en la tierra porque estaba lleno de temor. Tenía miedo de poner un pie afuera y hacer algo. Temía la responsabilidad.

Cuando el señor regresó, alabó a los dos siervos que habían tomado lo que se les dio y habían hecho algo con ello. Pero al hombre que enterró su talento y no había hecho nada con él, le dijo: "¡Siervo malo y perezoso!" Entonces ordenó que

185

el talento se le quitara y se le diese al que tenía diez talentos, y que el siervo perezoso fuera castigado severamente.

Te exhorto a reaccionar a la capacidad que Dios ha puesto en ti, haciendo todo lo que puedas con ella, para que cuando el Señor regrese, no tengas que devolverle lo que te dio, sino otra porción además.

*La Biblia nos muestra claramente que la voluntad de Dios para nosotros es que llevemos buen fruto* (Juan 15:16).

## Echando la ansiedad, no la responsabilidad

*Humillaos, pues, bajo la poderosa mano de Dios, para que Él os exalte a su debido tiempo, echando toda vuestra ansiedad sobre Él, porque Él tiene cuidado de vosotros.*

1 Pedro 5:6-7

No temas a la responsabilidad. Aprende a descargar tu ansiedad, pero no tu responsabilidad. Alguna gente aprende a no preocuparse por nada; se vuelven expertos en "echar su ansiedad"; se vuelven tan cómodos que también descargan su responsabilidad.

Pon tu mente en hacer lo que está frente a ti y no huir de algo sólo porque parece desafiante.

Siempre recuerda que si Dios te da cualquier cosa que le hayas pedido, hay una responsabilidad unida a la bendición. Si tienes un auto o una casa, Dios espera que los cuides. Los demonios de la pereza pueden atacar tu mente y tus sentimientos, pero tú tienes la mente de Cristo. Tú sí puedes reconocer los engaños del diablo y pasar por encima de tus sensaciones y hacer lo que sabes que está bien y es lo correcto. Pedir algo es muy fácil... ser responsable de ello es la parte que desarrolla el carácter.

Recuerdo un tiempo en que yo trataba de convencer a mi esposo para que compráramos una casa a orillas de un lago;

un lugar donde pudiéramos ir a descansar, orar y estudiar. Un lugar donde "alejarnos de todo". Le hablé de lo maravilloso que sería, cómo nuestros hijos y nietos podrían disfrutarlo e incluso cómo podíamos llevar allí nuestras reuniones del ministerio y tener tiempos gloriosos de oración juntos.

Todo sonaba muy bien, y me hacía sentir muy bien, pero Dave seguía diciéndome todo lo que tendríamos que hacer para cuidarla. Me recordaba lo ocupados que ya estábamos y que no teníamos tiempo para hacernos cargos de otra casa. Me hablaba del cuidado del césped, el mantenimiento, los pagos de la hipoteca, etcétera. Decía que mejor sería alquilar un lugar cuando necesitáramos alejarnos y no echarnos encima la responsabilidad de cuidarlo.

Yo miraba el lado emocional del asunto, y él miraba el lado práctico. Cada vez que tomamos una decisión, debemos mirar los dos lados; no únicamente lo que disfrutaremos, sino la responsabilidad que adquiriremos. Una casa junto a un lago es perfecta para aquellos que tienen tiempo que dedicarle, pero nosotros no lo teníamos en realidad. En el fondo de mí yo lo sabía, pero durante un año traté varias veces de convencer a Dave para comprarla.

Me alegro de que él se mantuviera firme. Si no lo hubiera hecho, estoy segura de que la hubiésemos comprado, la hubiéramos tenido durante un tiempo y probablemente hubiésemos terminado teniendo que venderla por el trabajo que nos daba. Al final unos amigos nuestros compraron una casa a orillas de un lago y nos dejan usarla según lo permiten su tiempo libre y el nuestro.

Si empleas sabiduría, verás que Dios suple tus necesidades. Cualquiera que opere en la mente de Cristo andará en sabiduría, no emocionalmente.

*¡Sé responsable!*

# 18

# "Por favor, hazlo todo fácil; ¡no puedo soportar las cosas muy difíciles!"

**Mentalidad desértica # 3**

*Este mandamiento que yo te ordeno hoy*
*no es muy difícil para ti, ni fuera de tu alcance.*

Deuteronomio 30:11

Este modo de pensar equivocado es similar al que acabamos de explicar, pero es un problema bastante frecuente entre el pueblo de Dios, por lo que creo merece un capítulo en este libro.

Es una de la excusas más comunes que escucho de la gente en las filas de oración. Con mucha frecuencia alguien viene para que lo aconseje y ore por él, y cuando le digo lo que dice la Palabra de Dios o lo que creo que el Espíritu Santo está diciendo, me responde: "Sé que eso es lo correcto; Dios me ha estado mostrando lo mismo. Pero Joyce, *¡es demasiado duro!"*

Dios me ha mostrado que el enemigo trata de imbuir esa frase en la mente de las personas para hacer que se den por vencidas. Hace unos años, cuando Dios me reveló esta verdad, me ordenó que dejara de decir que las cosas eran demasiado duras, asegurándome que si lo obedecía, las cosas se volverían más fáciles.

Aun cuando estemos determinados a seguir adelante y hacer algo, gastamos tanto tiempo pensando y diciendo "lo duro que es", que el proyecto termina siendo mucho más difícil de lo que hubiera sido si hubiésemos sido positivos en vez de negativos.

Cuando al principio empecé a ver por la Palabra de Dios como se suponía que viviera y me condujera, y lo comparé con lo que yo era, siempre estaba diciendo: "Quiero hacer las cosas a Tu modo, Dios, pero es muy duro". El Señor me guió a Deuteronomio 30:11, donde Él dice que Sus órdenes no son demasiado difíciles o fuera de nuestro alcance.

La razón por la que las órdenes del Señor no son demasiado difíciles para nosotros, es porque Él nos da Su Espíritu para que obre en nosotros poderosamente y nos ayude en todo lo que Él nos ha pedido.

## El Ayudador

*Y yo rogaré al Padre, y Él os dará otro Consolador (Consejero, Ayudador, Fortalecedor, y Paracleto) para que esté con vosotros para siempre.*

Juan 14:16

Las cosas son difíciles cuando estamos tratando de hacerlas independientemente, sin apoyarnos en Dios ni confiar en Su gracia. Si todo en la vida fuera fácil, ni siquiera necesitaríamos el poder del Espíritu Santo para ayudarnos. La Biblia se refiere a Él como "el Ayudador". Está en nosotros y con nosotros todo el tiempo para *ayudarnos,* a fin de capacitarnos para que podamos hacer lo que no podemos; y, pudiera añadir, a fin de facilitarnos lo que sería difícil sin Él.

## El modo fácil y el modo difícil

*Y sucedió que cuando Faraón dejó ir al pueblo, Dios no los guió por el camino de la tierra de los filisteos, aunque estaba cerca porque dijo Dios: "No sea que el pueblo se arrepienta cuando vea guerra, y se vuelva a Egipto".*

Éxodo 13:17

Puedes estar seguro de que dondequiera que Dios te guíe, Él es capaz de guardarte. Él jamás permite que nos venga algo que no podamos soportar (1 Corintios 10:13.) Lo que quiera que sea que ordene, Él paga la cuenta. No tenemos que vivir en una lucha constante si aprendemos a apoyarnos en Él continuamente para tener la fuerza que necesitamos.

Si sabes que Dios te ha pedido que hagas algo, no retrocedas solo porque se hace duro. Cuando las cosas se hagan difíciles, pasa más tiempo con Él, apóyate más en Él y recibe más gracia de Él (Hebreos 4:16).

La gracia es el poder de Dios que viene a ti sin que te cueste nada, para hacer por medio de ti lo que tú no puedes hacer por ti mismo. Cuídate de pensamientos como: "No puedo hacer esto; es demasiado duro".

Algunas veces Dios nos conduce por el camino difícil en lugar del fácil, porque está obrando en nosotros. ¿Cómo podemos aprender alguna vez a apoyarnos en Él, si todo lo que viene a nuestras vidas es tan fácil que podemos lidiar con ello nosotros mismos?

Dios guió a los hijos de Israel por el camino largo y difícil porque eran todavía cobardes, y Él tuvo que obrar en ellos a

191

fin de prepararlos para las batallas que tendrían que enfrentar en la Tierra Prometida.

La mayoría de la gente piensa que entrar en la Tierra Prometida significa el fin de las batallas, pero no es así. Si lees los relatos de lo que sucedió después que los israelitas cruzaron el Río Jordán y fueron a tomar posesión de la tierra que les habían prometido, verás que libraron una batalla tras otra. Pero ganaron todas las batallas que libraron con la fuerza de Dios y bajo Su dirección.

Dios los guió por la ruta más larga y difícil aunque había una más corta y fácil, porque Él sabía que ellos no estaban listos para las batallas que tendrían que enfrentar para poseer la tierra. Le preocupaba que cuando vieran al enemigo, podrían huir a Egipto, así que los llevó por el camino difícil para enseñarles Quien era Él y que ellos no podían depender de sí mismos.

Cuando una persona está atravesando un momento difícil, su mente quiere darse por vencida. Satanás sabe que si puede vencernos en nuestra mente, puede derrotarnos en lo que hacemos. Por eso es tan importante no desalentarnos, cansarnos y desmayar.

## ¡Aférrate duro!

*Y no nos cansemos de hacer el bien, pues a su tiempo, si no nos cansamos, segaremos.*

Gálatas 6:9

Desalentarse y desmayar se refiere a darse por vencido en la mente. El Espíritu Santo nos dice que no nos rindamos en nuestra mente, porque si nos aferramos, al final cosecharemos.

Piensa en Jesús. Inmediatamente después de ser bautizado y lleno del Espíritu Santo, fue conducido por el Espíritu al desierto para ser probado por el diablo. Él no se quejó ni se desalentó ni se deprimió. No pensó ni habló negativamente. ¡No se confundió tratando de imaginarse por qué tenía que suceder eso! Y pasó todas las pruebas con éxito.

En medio de Su prueba y tentación, nuestro Señor no vagó por todo el desierto cuarenta días y noches, comentando lo duro que era. Sacó fuerzas de Su Padre celestial y salió victorioso (Lucas 4:1-13).

¿Puedes imaginarte a Jesús viajando alrededor del país con Sus discípulos, hablando de lo duro que era todo? ¿Puedes imaginártelo comentando de lo difícil que sería pasar por la cruz... o cómo temía las cosas que le esperaban... o qué frustrante era vivir bajo las condiciones de su vida diaria: andar errante por los campos sin un lugar donde vivir, sin techo sobre sus cabezas, sin cama para dormir por la noche.

En mi propia situación, mientras viajo de un lugar a otro por toda la tierra predicando el Evangelio, he tenido que aprender a no hablar acerca de las penurias implicadas en mi clase de ministerio. He tenido que aprender a no quejarme acerca de lo duro que es estar en un hotel extraño cada vez, comer fuera constantemente, dormir en una cama diferente cada fin de semana, estar lejos de mi hogar, conocer gente nueva y acostumbrarme a ellas justo a tiempo de volver a emprender el viaje.

Tú y yo tenemos la mente de Cristo, y podemos lidiar con las cosas del mismo modo que Él lo hizo: estando preparados mentalmente gracias al "modo de pensar victorioso"; no el "modo de pensar derrotista".

## El éxito sigue al sufrimiento

*Por tanto, puesto que Cristo ha padecido en la carne, armaos también vosotros con el mismo propósito [para sufrir pacientemente antes que fallar en complacer a Dios], pues quien ha padecido en la carne [teniendo la mente de Cristo] ha terminado con el pecado [intencional, ha dejado de complacerse a sí mismo y al mundo, y complace a Dios], para vivir el tiempo que le queda en la carne, no ya para las pasiones humanas, sino [que vive] para la voluntad de Dios.*

1 Pedro 4:1-2

Este pasaje nos enseña un secreto relativo a cómo atravesar circunstancias difíciles. He aquí mi interpretación de estos dos versículos:

"Piensa en todo lo que Jesús pasó y cómo soportó el sufrimiento en Su carne, y eso te ayudará a atravesar tus dificultades. Ármate para la batalla; prepárate para ganar pensando como Jesús pensó: 'Sufriré con paciencia antes que fracasar en complacer a Dios...' Porque si yo sufro, teniendo la mente de Cristo con respecto a eso, ya no seguiré viviendo sólo para complacerme a mí mismo, haciendo lo que sea fácil y huyendo de todo lo difícil. Sino que seré capaz de vivir para lo que Dios quiere y no para mis sentimientos y pensamientos carnales".

Hay sufrimientos "en la carne" que tendremos que soportar a fin de hacer la voluntad de Dios.

Mi carne no siempre se siente cómoda con el estilo de vida itinerante del ministerio, pero sé que esa es la voluntad de Dios para mí. Por consiguiente, tengo que armarme con pensamiento recto con respecto a eso; de otro modo, estoy vencida antes de haber llegado a empezar.

Puede que haya un individuo en tu vida a quien sea muy difícil tener cerca, y no obstante, tú sabes que Dios quiere que sigas con la relación y no huyas de ella. Tu carne sufre, en que no es fácil estar cerca de esa persona, pero puedes prepararte pensando apropiadamente con respecto a esa situación.

## Autosuficiente en la suficiencia de Cristo

*Sé vivir en pobreza, y sé vivir en prosperidad; en todo y por todo he aprendido el secreto tanto de estar saciado como de tener hambre, de tener abundancia como de sufrir necesidad.*

*Todo lo puedo en Cristo que me fortalece. [Estoy listo para cualquier cosa y soy capaz de cualquier cosa por medio de Aquel que infunde fortaleza interior dentro de mí; soy autosuficiente en la suficiencia de Cristo].*

Filipenses 4:12-13

Pensar correctamente nos "arma" para la batalla. Entrar en batalla pensando equivocadamente es como ir a la línea del frente en una guerra sin un arma. Si hacemos eso, no duraremos mucho.

Los israelitas eran "plañideros", que fue una razón por la que vagaron durante cuarenta años, para hacer un viaje de once días. Gimoteaban por cada dificultad y se quejaban de cada nuevo reto; siempre hablando de lo duro que era todo. Su mentalidad era: "Por favor, hazlo todo fácil; ¡no puedo soportar las cosas difíciles!"

Hace poco me he percatado de que muchos creyentes son guerreros los domingos y plañideros los lunes. El domingo hablan como es debido —en la iglesia con sus amigos— pero el lunes, cuando es hora de poner en práctica lo dicho y no hay nadie alrededor a quien impresionar, se desmayan con la prueba más leve.

Si eres un plañidero y quejicoso, hazte de un nuevo modo de pensar que diga: *Todo lo puedo en Cristo que me fortalece* (Filipenses 4:13).

# 19

# *"No puedo evitarlo; soy adicto a rezongar, encontrar faltas y quejarme"*

## Mentalidad desértica # 4

*Porque esto halla gracia [es aprobado, aceptable y digno de agradecimiento], si por causa de la conciencia ante Dios, alguno sobrelleva penalidades sufriendo injustamente.*

*Después [de todo], ¿qué mérito hay, si cuando pecáis y sois tratados con severidad lo soportáis con paciencia? Pero si cuando hacéis lo bueno sufrís por ello y lo soportáis con paciencia, esto halla gracia con Dios.*

1 Pedro 2:19-20

Hasta que aprendamos a glorificar a Dios con nuestra actitud durante los tiempos duros, no seremos liberados. No es padecer lo que glorifica a Dios, sino una actitud devota en el sufrimiento lo que lo complace y le da gloria a Él.

Si tú y yo hemos de recibir de estos versículos lo que Dios desea que tengamos, tendremos que leerlos despacio y digerir cada frase y oración minuciosamente. Admitiré que yo las estudié durante años tratando de entender por qué complace tanto a Dios verme sufrir cuando la Biblia declara sin ambages que Jesús llevó mis sufrimientos y dolores merecidos por castigo (Isaías 53:3-6).

Me tomó muchos años darme cuenta de que el punto focal de estos versículos en 1 Pedro no era el sufrimiento, sino la actitud que uno debía tener durante la aflicción.

Observa la frase "con paciencia" que se emplea en este pasaje, que dice que si alguien nos trata indebidamente y lo soportamos con paciencia, eso agrada a Dios. Aquello que lo complace, es nuestra actitud paciente ...no nuestro sufrimiento. Para alentarnos en nuestra aflicción, nos exhorta a mirar cómo Jesús se portó ante los injustos ataques que se le hicieron.

## Jesús es nuestro ejemplo

*Porque para este propósito habéis sido llamados [es inseparable de tu vocación], pues también Cristo sufrió por vosotros, dejándoos [Su] ejemplo [personal] para que sigáis sus pisadas,*

*El cual no cometió pecado, ni engaño (superchería) alguno se halló en Su boca; y Quien cuando le ultrajaban, no respondía ultrajando; cuando padecía, no amenazaba [con vengarse], sino que se encomendaba [Él y todo] a aquel que juzga con justicia.*

1 Pedro 2;21-23

¡Jesús sufrió gloriosamente! En silencio, sin quejarse, confiando en Dios sin importarle el aspecto de las cosas, permaneció imperturbable en toda situación. No respondió con paciencia cuando las cosas eran fáciles e impaciente cuando eran duras o injustas.

La Escritura anterior nos hace saber que Jesús es nuestro ejemplo y que Él vino para mostrarnos cómo vivir. La forma en que nos conducimos delante de otros les muestra cómo deben vivir. Les enseñamos a nuestros hijos más con el ejemplo que con palabras. Hemos de ser epístolas vivas que todos los hombres puedan leer (2 Corintios 3:2-3); luces que iluminen brillantemente en un mundo oscuro (Filipenses 2:15).

## Llamados a la humildad, la mansedumbre y la paciencia

*Yo, pues, prisionero del Señor, os ruego que viváis [llevéis la vida] de una manera digna de la vocación [divina] con que habéis sido llamados [con una conducta que es un crédito para el llamamiento al servicio de Dios, viviendo como os corresponde] con toda humildad y mansedumbre (altruismo, gentileza, suavidad], con paciencia, soportándoos unos a otros en amor.*

Efesios 4:1-2

Hace algún tiempo, en nuestra vida familiar hubo una situación que sirve como un ejemplo excelente para lo que estoy exponiendo acerca de sufrir humilde, mansa y pacientemente.

Nuestro hijo, Daniel, acababa de regresar de un viaje misionero a la República Dominicana. Volvió con una erupción muy severa en sus brazos y muchas lastimaduras en carne viva. Se le había dicho que era la versión dominicana de la hierba venenosa. Se veía tan mal que nos pareció que necesitábamos confirmar lo que era. Nuestro médico familiar tenía el día libre, así que hicimos una cita con el que lo sustituía.

Nuestra hija, Sandra, llamó y concertó la cita, diciéndoles la edad de Daniel, que ella era su hermana y lo llevaría. Todos estábamos muy ocupados aquel día, incluida Sandra. Después de un viaje de cuarenta y cinco minutos, llegó a la consulta del doctor sólo para que le dijeran: "Lo sentimos, pero nuestra costumbre es no tratar menores si no vienen acompañados de sus padres".

Sandra explicó que cuando ella llamó, había especificado que ella llevaría a su hermano; que lo hacía con frecuencia debido a los muchos viajes de nosotros. La enfermera se mantuvo firme de que él tendría que ir acompañado de un padre.

Sandra tuvo una oportunidad de molestarse: se había esforzado agregando aquella gestión a su ya muy cargada agenda sólo para enterarse que sus planes y esfuerzos habían sido en vano. Le esperaba otro viaje de cuarenta y cinco minutos y todo había sido una pérdida de tiempo.

Dios la ayudó a permanecer calmada y amorosa. Llamó a su papá, quien estaba visitando a su madre, y él le dijo que iría a hacerse cargo de la situación. Dave había sentido aquella mañana que debía ir a nuestras oficinas y recoger algunos de mis libros y cintas, sin siquiera saber para qué lo estaba haciendo. Sólo sintió que debía hacerlo.

Cuando llegó al edificio del médico, la mujer que inscribía a los pacientes y ayudaba con el papeleo, le preguntó a Dave si él era un ministro y si estaba casado con Joyce Meyer. Él le contestó que sí, y ella le contó que me había estado mirando en televisión y había oído bastante de nuestros nombres para preguntarse si seríamos las mismas personas. Dave conversó con ella un rato y le dio uno de mis libros sobre la sanidad emocional.

Mi objetivo al contarles esta historia es este: ¿Y si Sandra hubiese perdido los estribos y hubiese sido impaciente? Su testimonio hubiera quedado perjudicado, si no arruinado por completo. En realidad hubiese podido hacerle daño a la mujer que me ve en televisión, y después observara a mi familia portándose mal.

Muchas personas en el mundo están tratando de encontrar a Dios, y lo que les demostramos es mucho más importante que lo que les decimos. Por supuesto que es importante lo que verbalmente les hablamos del Evangelio, pero hacer eso y contradecir lo que hemos dicho con nuestra propia conducta, es peor que no decir nada.

Sandra soportó su injusticia con paciencia en esta situación, y la palabra de Dios establece que estamos llamados a esta clase de conducta y actitud.

## La aflicción soportada con paciencia por José

*Envió a un hombre delante de ellos, a José, vendido como esclavo.*
*Con grillos afligieron sus pies, él mismo fue puesto en cadenas hasta que su predicción [a sus crueles hermanos] se cumplió; la palabra del Señor lo puso a prueba.*

Salmo 105:17-19

Como ejemplo del Antiguo Testamento, piensa en José, quien fue injustamente maltratado por sus hermanos. Lo vendieron como esclavo y le dijeron a su padre que había sido muerto por una fiera. Entre tanto, lo compró un hombre rico llamado Potifar, quien lo llevó a su casa como esclavo. Dios le dio favor a José dondequiera que fue, y pronto tuvo el favor de su nuevo dueño.

José siguió siendo ascendido, pero le sucedió otra injusticia. La esposa de Potifar trató de seducirlo para tener amores con él, pero por ser un hombre íntegro, no quiso tener nada con ella. Mintiéndole a su esposo, ella contó que José la había atacado, ¡lo que lo lanzó a la cárcel por algo que no había hecho!

José trató de ayudar a otros durante todo el tiempo que estuvo en prisión. Nunca se quejó, y por haber tenido la actitud debida en la aflicción, Dios finalmente lo liberó y lo ascendió. Al final tuvo tanta autoridad en Egipto que nadie más en todo el país estaba por encima de él, salvo el mismo Faraón.

Dios también lo reivindicó ante sus hermanos, en que ellos tuvieron que venir a él procurando comida cuando toda la tierra sufría hambruna. Una vez más, José demostró una actitud piadosa al no maltratarlos, a pesar de que lo merecieran. Les dijo que lo que ellos habían hecho a fin de perjudicarlo, Dios lo había cambiado para su bien; que ellos estaban en las manos de Dios, no en las de él, que él no tenía derecho a hacer nada, sino a bendecirlos (Ver Génesis, caps. 39-50).

## Los peligros de quejarse

*No provoquemos al Señor [poner a prueba Su paciencia, volvernos una prueba para Él, criticarlo, y explotar Su bondad], como algunos de ellos le provocaron, y fueron destruidos por las serpientes.*

Números 21:5-6

*Ni murmuréis, como algunos de ellos murmuraron, y fueron destruidos por el destructor.*

Números 16:41,49

*Estas cosas les sucedieron como ejemplo [como advertencia para nosotros], y fueron escritas como enseñanza para nosotros, para quienes ha llegado el fin de los siglos [la consumación y última era].*

1 Corintios 10:9-11

En estos pasajes podemos apreciar enseguida la diferencia entre José y los israelitas. Él no se quejó en absoluto, y todos ellos se quejaron por todas las pequeñas cosas que no les gustaban. La Biblia es muy específica acerca de los peligros de rezongar, encontrar faltas y quejarse.

El mensaje está muy claro. Las quejas de los israelitas les abrieron las puertas al enemigo que entró y los destruyó. Ellos debían haber agradecido la bondad de Dios, pero no lo hicieron... y pagaron el precio.

Se nos dice que la relación completa de sus sufrimientos y muerte se escribió para mostrarnos lo que sucederá si nos comportamos de la misma manera.

Tú y yo no nos quejamos con la boca a menos que nos hayamos quejado primero mentalmente. Quejarse es definitivamente una mentalidad desértica que nos impedirá cruzar los obstáculos hacia la Tierra Prometida.

Jesús es nuestro ejemplo, y deberíamos hacer lo que Él hizo.

Los israelitas *se quejaron y permanecieron* en el desierto.

Jesús *alabó y fue levantado* de entre los muertos.

En este contraste podemos ver el poder de la alabanza y la gratitud y también el poder de la queja. Sí, quejarse, rezongar, murmurar y encontrar faltas tienen poder... pero es un poder negativo. Cada vez que entregamos nuestras mentes y bocas a cualquiera de ellos, le estamos dando a Satanás un poder sobre nosotros que Dios no lo ha autorizado a tener.

## No rezongar, encontrar faltas ni quejarse

*Haced todas las cosas sin [rezongar ni] murmurar [ni quejaros] [contra Dios] ni discusiones [ni dudas entre vosotros], para que seáis irreprensibles y sencillos, [inocentes y sin contaminaciones] hijos de Dios sin tacha en medio de una generación [espiritualmente pervertida] torcida y perversa, en medio de la cual*

*replandecéis como luminares (estrellas o faros bri-
llando claramente] en el mundo [tenebroso].*

Filipenses 2:14-15

Algunas veces parece que el mundo entero se está quejando.

Hay demasiadas quejas y murmuración y muy poca gratitud y reconocimiento. Las personas se quejan de su trabajo y
de su jefe, cuando debieran estar agradecidas porque tienen
un trabajo regular y apreciar el hecho de no estar viviendo en
un hogar para desamparados ni tener que hacer fila para
recibir un plato de sopa. Muchas de esas personas pobres, se
emocionarían al tener ese trabajo (que otros desprecian), a
pesar de las imperfecciones que éste pueda tener; y aun
estarían más que resignados a tener un jefe "no perfecto", con
tal de obtener un salario regular, vivir en casa propia, y
cocinar su propia comida.

Puede ser que necesites un trabajo mejor remunerado, o
quizás tienes un jefe que te trata injustamente. Eso es desa-
fortunado, pero la manera de resolverlo no es quejándote.

## No te inquietes ni te preocupes—ora y da gracias

*Por nada estéis afanosos; antes bien, en todo, me-
diante oración y súplica con acción de gracias, sean
dadas a conocer vuestras peticiones delante de Dios.*

Filipenses 4:6

En este versículo el apóstol Pablo nos enseña cómo resolver nuestros problemas. Él nos instruye cómo orar *con acción
de gracias en toda* circunstancia.

El Señor me enseñó este mismo principio en esta forma:
"Joyce, ¿por qué debo darte lo que me pides, si no eres

agradecida con lo que ya tienes? ¿Por qué debo darte otra cosa si te seguirás quejando?"

Si no podemos ofrecer nuestras oraciones presentes teniendo como fundamento una vida rebosante de gratitud, no obtendremos una respuesta favorable. La Palabra no dice que oremos en son de queja, sino que oremos con acción de gracias.

La murmuración, el malhumor, la crítica y las quejas, usualmente se presentan cuando las cosas no ocurren de la manera que esperamos con respecto a algo o alguien, o cuando tenemos que esperar por algo más tiempo de lo que creemos necesario. La Palabra de Dios nos enseña a ser pacientes en estas circunstancias.

He descubierto que la paciencia no es la habilidad de esperar, sino la capacidad de mantener una buena actitud mientras esperamos.

Es muy importante que este asunto de la queja y todo lo relacionado con los diferentes tipos de pensamientos y conversaciones negativos sea considerado seriamente. Yo creo sinceramente que Dios me ha dado una revelación sobre cuán peligroso es ceder nuestro pensamiento y boca a esta inclinación.

Dios le dijo a los israelitas en Deuteronomio 1:6: "Bastante habéis permanecido en este monte". Quizás has estado dando vueltas al mismo monte muchas veces y ahora estás listo para avanzar. Si es así, será bueno que recuerdes que no irás hacia adelante de manera positiva si tus pensamientos y conversación están saturados de reclamos.

No he querido decir que es tarea fácil no quejarse, sino que tú debes tener la mente de Cristo. ¿Por qué no hacer todo lo posible por lograrlo?

20

# "No me hagan esperar por nada; yo me lo merezco todo inmediatamente"

## Mentalidad desértica # 5

*Por tanto, hermanos, sed pacientes [mientras esperáis] hasta la venida del Señor. Mirad cómo el labrador espera el fruto precioso de la tierra, [Mirad cómo sigue] siendo paciente en ello hasta que recibe la lluvia temprana y la tardía.*

Santiago 5:7

La impaciencia es el fruto del orgullo. Una persona orgullosa no parece ser capaz de esperar por cosa alguna con la actitud adecuada. Como lo expusimos en el capítulo anterior, la paciencia no es la capacidad de esperar, sino la capacidad de mantener una buena actitud mientras se espera.

Esta Escritura no dice: "sé paciente si esperas", sino "sé paciente mientras esperas". Esperar es parte de la vida. Muchas personas no "esperan bien", y no obstante, en realidad pasamos más tiempo de nuestras vidas esperando que recibiendo.

Lo que quiero decir es esto: Le pedimos a Dios algo en oración, creyendo, y entonces esperamos y esperamos por la manifestación. Cuando llega, nos regocijamos porque finalmente hemos recibido lo que habíamos estado esperando.

Sin embargo, debido a que somos personas orientadas hacia la meta, que siempre tienen que tener algo hacia lo cual avanzar —algo que esperar— volvemos a repetir el proceso de pedirle a Dios y creer otra cosa, y esperar y esperar algo más, hasta que llega la siguiente apertura.

Pensar en esta situación me hizo comprender que en resumen pasaba mucho más tiempo de mi vida esperando que recibiendo. Así que decidí aprender a disfrutar el tiempo de espera, no solamente el de recibir.

*¡Necesitamos aprender a disfrutar donde nos hallamos, mientras estamos en el camino hacia adonde nos dirigimos!*

## El orgullo impide la espera paciente

*Porque en virtud de la gracia (favor inmerecido de Dios) que me ha sido dada, digo a cada uno de vosotros que no piense más alto de sí que lo que debe pensar [no tener una opinión exagerada de su propia importancia], sino que piense con buen juicio, según la medida de fe que Dios ha distribuido a cada uno.*

Romanos 12:3

Es imposible disfrutar la espera si no sabes cómo esperar pacientemente. El orgullo impide la espera paciente, porque la persona orgullosa tiene una opinión tan alta de sí misma, que cree que nunca debía soportar inconveniencia alguna.

Aunque no debemos pensar mal de nosotros mismos, tampoco hemos de pensar demasiado bien. Es peligroso alzarnos a nosotros mismos a un lugar tan elevado que nos haga mirar a los otros desde arriba. Si ellos no están haciendo las cosas de la forma que queremos, o tan rápido como pensamos que deberían hacerlo, nos comportamos impacientemente.

Una persona humilde no mostrará una actitud impaciente.

## ¡Sea realista!

*En el mundo tendréis [aflicción, pruebas,] tribula-*
*ción y frustración; pero confiad [tened valor; estad*
*confiados, ciertos, sin arredrarse]. Yo he vencido al*
*mundo. [Lo he despojado del poder para dañaros y*
*lo he conquistado para vosotros.]*

Juan 16:33

Otro modo en que Satanás usa nuestras mentes para conducirnos a una conducta impaciente, es mediante la idea de que es idealista en vez de realista.

Si se nos mete en la cabeza la idea de que todo lo que nos concierne y que nuestras circunstancias y relaciones siempre deberían ser perfectas —sin inconvenientes, ni obstáculos, ni gente falta de amor con quienes lidiar— entonces nos estamos colocando en posición de caer. O, en realidad, debería decir que Satanás nos está acomodando para que caigamos a causa del modo de pensar equivocado.

No estoy sugiriendo que seamos negativos; soy una firme creyente en las actitudes y pensamientos positivos, sino que estoy sugiriendo que seamos lo suficientemente realistas para comprender por anticipado que muy pocas cosas en la vida real son alguna vez perfectas.

Mi esposo y yo viajamos casi cada fin de semana a una ciudad diferente para dar seminarios. Muchas veces alquilamos salones en hoteles y centros cívicos o de convenciones. Al principio, yo me impacientaba y me sentía frustrada cuando algo iba mal en uno de estos lugares; cosas como que el aire acondicionado no funcionara bien (o tal vez no funcionara en absoluto), luz insuficiente en el salón de conferencias, sillas manchadas o rotas con el relleno saliendose por un lado, o residuos de pastel en el suelo, como huellas de la recepción de bodas celebrada la noche anterior.

Yo sentía que habíamos pagado buen dinero por el uso de estas habitaciones y que las habíamos alquilado de buena fe, esperando que estuvieran como era debido, así que me irritaba cuando no era así. Hacíamos todo lo posible para asegurarnos de que los locales que alquilábamos estuvieran limpios y confortables, y no obstante, aproximadamente 75% de ellos algo no salía como lo esperábamos.

Hubo veces en que nos prometieron que el equipo nuestro podría entrar temprano en el hotel; pero a nuestra llegada nos decían que no habría habitaciones disponibles hasta varias horas después. Los empleados del hotel con frecuencia ofrecían información incorrecta respecto a la hora de nuestras reuniones, aun cuando se les había informado repetidas veces, e incluso se les enviaba por anticipado información impresa indicando las fechas y horas exactas. Era corriente que los empleados de los hoteles y los salones fueran groseros y perezosos. Muchas veces la comida que habíamos ordenado para los almuerzos de los seminarios no era lo que se suponía debía haber sido.

Recuerdo una vez en particular cuando el postre servido a nuestras mujeres cristianas (aproximadamente ochocientas de ellas) fue remojado con ron. En la cocina confundieron los platos con los que se estaban sirviendo en una recepción de bodas. No hace falta decir lo embarazados que nos sentimos cuando las mujeres empezaron a decirnos que el postre sabía como si tuviera licor dentro.

Podría extenderme por mucho rato, pero el asunto es sencillo: en ocasiones, pero muy raramente, todo salía a la perfección, con gente perfecta y un seminario perfecto.

Terminé por comprender que una de las razones de que estas situaciones me dejaran impaciente y comportándome mal era porque estaba siendo idealista y no realista.

No planifico fracasos, pero recuerdo que Jesús dijo que en este mundo tendríamos que lidiar con tribulación, pruebas, aflicción y frustración. Estas cosas son parte de la vida en esta tierra; para el creyente como para el incrédulo. Pero todo los contratiempos del mundo no pueden dañarnos si permanecemos en el amor de Dios, exhibiendo el fruto del Espíritu.

## La paciencia: El poder de soportar

*Entonces, como escogidos de Dios [representantes seleccionados por Él], [quienes son] santos y amados [por El Mismo Dios], revestíos de [una conducta marcada por la] tierna compasión, bondad, humildad, mansedumbre y paciencia [que es incansable y sufrida, y tiene el poder de soportar lo que sea que venga, con buen ánimo].*

Colosenses 3:12

Yo me vuelvo a esta Escritura a menudo para recordarme cuál conducta debo exhibir en todas las situaciones. Me recuerdo a mí misma que la paciencia no es mi capacidad de esperar, sino mi capacidad de mantener una buena actitud mientras espero.

## Las pruebas desarrollan la paciencia

*Tened por sumo gozo, hermanos míos, el que os halléis en diversas pruebas sabiendo que la prueba de vuestra fe produce paciencia y que la paciencia ha de tener su perfecto resultado, para que seáis perfectos y completos, sin que os falte nada.*

Santiago 1:2-4

211

La paciencia es un fruto del Espíritu (Gálatas 5:22) y es depositada en el espíritu de toda persona nacida de nuevo. Para el Señor es muy importante que Su pueblo despliegue o manifieste paciencia. Él quiere que otra gente vea Su carácter a través de Sus hijos.

El capítulo 1 en el libro de Santiago nos enseña que cuando hayamos llegado a ser perfectos, no careceremos de nada. El diablo no puede controlar a un hombre paciente.

Santiago 1 también nos enseña que debemos regocijarnos cuando nos encontramos en medio de situaciones difíciles, sabiendo que el método que Dios emplea para desarrollar la paciencia en nosotros es lo que la versión *Reina Valera* llama "diversas pruebas".

Por experiencia propia he aprendido que las "diversas pruebas" sí produjeron finalmente paciencia en mí, pero primero sacaron a la luz un montón de otras cosas que no eran rasgos piadosos: cosas como el orgullo, el enojo, la rebelión, la autocompasión, las quejas y muchas otras. Parece que primero hay que enfrentar todas esas cosas y lidiar con ellas, antes de que surja la paciencia.

## ¿Prueba o inconveniencia?

*Partieron del monte de Hor, por el camino del Mar Rojo, para rodear la tierra de Edom, y el pueblo se impacientó (deprimió, desalentó mucho) por causa [de las pruebas] del viaje.*

Números 21:4

Si lo recuerdas, una actitud impaciente fue una de las mentalidades desérticas que mantuvo a los israelitas vagando por el desierto durante cuarenta años.

¿Cómo podía ser posible que este pueblo estuviera listo para entrar en la Tierra Prometida y echara a los que en ese momento la ocupaban, para poder tomar posesión de la tierra, si no podían siquiera permanecer pacientes y firmes durante una pequeña inconveniencia?

Realmente te exhorto a trabajar con el Espíritu Santo mientras Él desarrolla el fruto de la paciencia en ti. Mientras más te resistas a Él, más se prolongará el proceso. Aprende a responder pacientemente en toda clase de pruebas, y te encontrarás viviendo una vida que no es sólo resistir, sino disfrutar a plenitud.

## La importancia de la paciencia y la resistencia

*Porque tenéis necesidad de [firme] paciencia [y resistencia], para que cuando hayáis hecho la voluntad de Dios, obtengáis [y disfrutéis a plenitud] la promesa.*

Hebreos 10:36

Esta Escritura nos dice que sin paciencia y resistencia no recibiremos las promesas de Dios. Y Hebreos 6:12 nos dice que únicamente mediante la fe y la paciencia heredamos las promesas.

El hombre orgulloso corre con la fuerza de su propia carne y trata de que las cosas sucedan a su propio tiempo. El orgullo dice: "¡Estoy listo ahora!" La humildad dice: "Dios es el que sabe, ¡y Él no se tardará!"

Un hombre humilde espera pacientemente; de hecho tiene un "temor reverente" a moverse con las fuerzas de su propia carne. Pero un hombre orgulloso intenta una cosa tras otra, sin conseguir resultados.

## Una línea recta no siempre es la distancia más corta hasta una meta

*Hay un camino que al hombre le parece derecho,
pero al final, es camino de muerte.*

Proverbios 16:25

213

Tenemos que aprender que en el plano espiritual algunas veces una línea recta no es la distancia más corta entre nosotros y el lugar donde queremos estar. ¡Pudiera ser la distancia más corta hacia la destrucción!

Tenemos que aprender a ser pacientes y esperar en el Señor, incluso si parece que Él nos lleva dando un rodeo para llegar al destino que deseamos.

Hay multitudes de cristianos infelices, sin realizarse en el mundo, sencillamente porque están demasiado ocupados intentando hacer que las cosas ocurran, en lugar de esperar pacientemente a que Dios haga que sucedan a Su propio tiempo y a Su propia manera.

Cuando estés tratando de esperar en Dios, el diablo te golpeará la mente constantemente exigiéndote que "hagas algo". Quiere que te muevas en el celo carnal porque sabe que la carne no aprovecha para nada (Juan 6;63; Romanos 13:14).

Como hemos visto, la impaciencia es un signo de orgullo, y la única respuesta al orgullo es la humildad.

## Humíllate y espera en el Señor

*Humillaos [rebajaos, bajaos en vuestra propia estimación], pues, bajo la poderosa mano de Dios, para que Él os exalte a su debido tiempo.*

1 Pedro 5:6

Esta frase "rebajaos en vuestra propia estimación" no quiere decir que debas pensar mal de ti mismo. Simplemente significa: "No pienses que puedes resolver todos tus problemas por ti mismo".

En lugar de tomar orgullosamente los asuntos en nuestras manos, tenemos que aprender a humillarnos bajo la poderosa mano de Dios. Cuando Él sepa que ha llegado el momento oportuno, Él nos exaltará y nos alzará.

Mientras esperamos en Dios y rehusamos movernos en celo carnal, tiene lugar un "morir para sí". Empezamos a morir para nuestras propias maneras y nuestra propia oportunidad, y comenzamos a vivir para la voluntad y la manera de Dios para nosotros.

Debemos siempre obedecer de inmediato lo que sea que Dios nos diga que hagamos, pero también debemos tener un temor reverente del orgullo carnal. Recuerda: es el orgullo el que está en la raíz de la impaciencia. El hombre orgulloso dice: "Por favor, no me hagas esperar por nada; yo me lo merezco todo inmediatamente".

Cuando te sientas tentado a sentirte frustrado e impaciente, te recomiendo que empieces a decir: "Señor, quiero Tu voluntad en tu momento oportuno. No quiero adelantarme a Ti, ni quiero rezagarme detrás de Ti. Ayúdame, Padre, a esperar pacientemente en Ti".

# 21

# "Mi conducta puede ser incorrecta, pero no es culpa mía"

## Mentalidad desértica # 6

*Y el hombre respondió: "La mujer que Tú me diste por compañera me dio del árbol, y yo comí".*
*...Y la mujer respondió: "La serpiente me engañó, y yo comí".*

Génesis 3:12-13

La renuencia a aceptar responsabilidad por los propios actos, culpando a otro de todo lo que está mal o sale mal, es la mayor causa del vivir en el desierto.

Vemos manifestarse el problema desde el principio de los tiempos. Al verse confrontados con su pecado en el Jardín del Edén, Adán y Eva culparon al otro, a Dios y al diablo, evadiendo así su responsabilidad personal por sus actos.

## ¡Es culpa tuya!

*Y Sarai, mujer de Abram, no le había dado a luz hijo alguno; y tenía ella una sierva egipcia que se llamaba Agar.*

*Entonces Sarai dijo a Abram: "He aquí que el Señor me ha impedido tener hijos. Llégate, te ruego, a mi sierva; quizá por medio de ella yo tenga hijos". Y Abram escuchó la voz de Sarai.*

*Y al cabo de diez años de habitar Abram en Canaán, Sarai, mujer de Abram, tomó a su sierva Agar la egipcia, y se la dio a su marido Abram por mujer.*

*Y él se llegó a Agar, y ella concibió; y cuando ella vio que había concebido, miraba con desprecio a su señora.*

*Y Sarai dijo a Abram: "Recaiga sobre ti mi agravio. Yo entregué a mi sierva en tus brazos; pero cuando ella vio que había concebido, me miró con desprecio. Juzgue el Señor entre tú y yo".*

*Pero Abram dijo a Sarai: "Mira, tu sierva está bajo tu poder; haz con ella lo que mejor te parezca". Y Sarai la trató muy mal y ella huyó de su presencia.*

Génesis 16:1-6

La misma escena representada entre Adán y Eva se ve aquí en la disputa entre Abram y Sarai. Estaban cansados de esperar a que Dios cumpliera Su promesa de que les nacería un hijo, así que obraron en la carne "e hicieron las cosas a su modo". Cuando salió mal y empezó a causar problemas, se culparon uno al otro.

En el pasado, observé esta misma clase de escena incontables veces en mi propio hogar entre Dave y yo. Parecía que constantemente estábamos evadiendo la verdadera cuestión de la vida, sin querer enfrentar la realidad.

Recuerdo vívidamente orar porque Dave cambiara. Había estado leyendo mi Biblia y estaba viendo más y más de sus defectos, ¡y cuánto necesitaba cambiar! Mientras yo oraba, el Señor me habló y me dijo: "Joyce, el problema no es Dave... eres tú".

Quedé desolada. Lloré y lloré. Lloré durante tres días porque Dios me estaba mostrando lo que significaba vivir conmigo en la misma casa. Me mostró cómo yo trataba de controlar todo lo que estaba a mi alrededor, cómo me irritaba y me quejaba, qué difícil era complacerme, cuán negativa yo era... y más y más. Fue un golpe muy fuerte para mi orgullo, pero también fue el principio de mi recuperación en el Señor.

Como la mayoría de la gente, yo le echaba la culpa de todo a otro o a una circunstancia que estaba fuera de mi alcance. Pensé que actuaba así porque me habían maltratado mucho, pero Dios me dijo: "Puede ser que el maltrato haya sido la causa de que te comportes de esa forma, ¡pero no dejes que se convierta en una excusa para seguir así!"

Satanás se esfuerza en trabajar en nuestra mente: edificando fortalezas que nos impedirán enfrentar la verdad. La verdad nos hará libres, ¡y él lo sabe!

No creo que haya nada más doloroso emocionalmente que enfrentar la verdad acerca de nosotros mismos y de nuestra conducta. Precisamente porque es doloroso mucha gente huye de eso. Es muy fácil enfrentar la verdad acerca de otro; pero cuando se trata de enfrentarnos a nosotros mismos, nos parece mucho más duro de asimilar.

## Si...

*Y el pueblo habló contra Dios y Moisés: "¿Por qué nos habéis sacado de Egipto para morir en el desierto? Pues no hay comida ni agua, y detestamos este alimento tan miserable [despreciable, insustancial].*

Números 21:5

Como recordarás, los israelitas se quejaban de que todos sus problemas eran culpa de Dios y de Moisés. Evadían con éxito cualquier responsabilidad personal por la cual permanecían tanto tiempo en el desierto. Dios me mostró que ésta era una de las peores mentalidades desérticas que los mantuvo allí durante cuarenta años.

También era una de las principales razones por la que yo pasé tantos años dando vueltas y vueltas alrededor de las mismas montañas en mi vida. Mi lista de excusas de por qué me estaba comportando tan mal era interminable:

"Si no me hubieran maltratado de niña, no tendría tan mal genio".

"Si mis hijos me ayudaran más, me comportaría mejor".

"Si Dave no jugara golf los sábados, no me molestaría tanto con él".

"Si Dave me hablara más, no estaría tan sola".

"Si Dave me comprara más regalos, no sería tan negativa".

"Si no tuviera que trabajar, no estaría tan cansada y malhumorada". (Así que renuncié al empleo, y entonces era...)

"Si pudiera salir más de la casa, no estaría tan aburrida".

"Si pudiéramos tener más dinero..."

"Si la casa fuera nuestra..." (Así que compramos una y entonces fue...)

"Si no tuviéramos tantas facturas que pagar..."

"Si tuviéramos mejores vecinos o amigos diferentes..."

*¡Si! ¡Si! ¡Si! ¡Si! ¡Si! ¡Si! ¡Si! ¡Si! ¡Si! ¡Si!*

## Pero...

*Y el Señor habló a Moisés, diciendo:*

*Tú mismo envía hombres a fin de que reconozcan [por ustedes mismos] la tierra de Canaán, que voy a dar a los hijos de Israel; enviarás un hombre de cada una de las tribus de sus padres, cada uno de ellos jefe entre ellos.*

*Entonces Moisés los envió desde el desierto de Pa-*

*rán, al mandato del Señor; todos aquellos hombres eran jefes de los hijos de Israel...*
*Y volvieron de reconocer la tierra al cabo de cuarenta días.*

*Y fueron y se presentaron a Moisés y a Aarón, y a toda la congregación de los hijos de Israel en el desierto de Parán, en Cades; y les dieron un informe a ellos y a toda la congregación, y les enseñaron el fruto de la tierra.*

*Y les contaron, y le dijeron: "Fuimos a la tierra adonde nos enviaste: ciertamente mana leche y miel, y éste es el fruto de ella.*

*"Sólo [pero] ... es fuerte el pueblo que habita en la tierra, y las ciudades, fortificadas y muy grandes; y además vimos allí a los descendientes de Anac [de gran estatura y valor]".*

Números 13:1-3, 25-28

"Si" y "pero" son dos de las palabras más engañosas que Satanás haya plantado en nuestras mentes. Los doce espías que fueron enviados adentro de la Tierra Prometida como una partida de exploradores volvieron con un racimo de uvas tan grande que tenían que llevarla entre dos con un palo, pero el informe que le dieron a Moisés y al pueblo fue negativo.

¡Ese fue el "pero" que los derrotó! Debían haber mantenido sus ojos en Dios y no en el problema potencial.

Una de las razones para que nuestros problemas nos derroten, es porque pensamos que son mayores que Dios. Esa también puede ser la razón por la que nos es tan sumamente difícil enfrentar la verdad. No estamos seguros de que Dios pueda cambiarnos, así que nos escondemos de nosotros mismos antes que enfrentarnos como realmente somos.

No es difícil para mí ahora enfrentar la verdad acerca de mí misma cuando Dios está tratando conmigo, porque sé que Él puede cambiarme. Ya he visto lo que Él puede hacer, y confío en Él. Sin embargo, al principio de mi andar con Él, era muy difícil. Había pasado la mayor parte de mi vida escondiéndome de una cosa u otra. Había vivido en la oscuridad por tanto tiempo, que no fue fácil salir a la luz.

## La verdad en lo más íntimo del ser

*Ten piedad de mí, oh Dios, conforme a tu misericordia; conforme a lo inmenso de tu compasión, borra mis transgresiones.*

*Lávame por completo [y constantemente] de mi maldad, y límpiame de mi pecado.*

*Porque yo reconozco mis transgresiones, y mi pecado está siempre delante de mí.*

*Contra ti, contra ti sólo he pecado, y he hecho lo malo delante de tus ojos, de manera que eres justo cuando hablas, y sin reproche cuando juzgas.*

*He aquí, yo nací en [un estado de] iniquidad, y en pecado me concibió mi madre [y yo también soy pecador].*

*He aquí, tú deseas la verdad en lo más íntimo y en lo secreto me harás conocer sabiduría.*

Salmo 51:1-6

En el Salmo 51, el rey David clamaba a Dios por misericordia y perdón, porque el Señor había estado lidiando con él a causa de su pecado con Betsabé y el asesinato de su esposo.

Créalo o no, el pecado de David había tenido lugar todo un año antes de escribirse este Salmo, pero él jamás lo había enfrentado ni reconocido en realidad. Él no estaba enfrentado la verdad, y en tanto se negara a enfrentarla, no podía arrepentirse de veras. Y mientras él no pudiera arrepentirse verdaderamente, Dios no podía perdonarlo.

El versículo 6 de este pasaje es una Escritura poderosa. Dice que Dios desea la verdad "en lo más íntimo" del ser. Eso significa que si deseamos recibir las bendiciones de Dios, tenemos que ser honestos con Él acerca de nosotros mismos y de nuestros pecados.

## La confesión precede al perdón

*Si decimos que no tenemos pecado [rehusando admitir que somos pecadores], nos engañamos a nosotros mismos [y nos apartamos] y la Verdad [que presenta el Evangelio] no está en nosotros [no mora en nuestros corazones].*

*Si [libremente] [admitimos que hemos pecado y] confesamos nuestros pecados, Él es fiel y justo (consecuente con Su propia naturaleza y promesas) para perdonarnos los pecados [descartar nuestra desobediencia] y para limpiarnos [continuamente] de toda maldad [todo lo que no sea conforme a Su voluntad en propósito, pensamiento y acción].*

*Si decimos (declaramos) que no hemos pecado, [contradecimos Su Palabra y] le hacemos a Él mentiroso y Su palabra no está en nosotros [el divino mensaje del Evangelio no está en nuestros corazones].*

1 Juan 1:8-10

Dios nos perdona rápidamente si nos arrepentimos de verdad, pero no podemos arrepentirnos de corazón, si no nos enfrentamos con la verdad y reconocemos lo que hemos hecho.

Admitir que hemos hecho algo mal, pero entonces aducir una excusa por ello, no es todavía la forma de Dios de enfrentar la verdad. Naturalmente que queremos justificarnos nosotros mismos y nuestros actos, pero la Biblia dice que nuestra justificación se encuentra únicamente en Jesucristo (Romanos 3:20-24.) Tú y yo somos reconciliados con Dios después de haber pecado sólo por la sangre de Jesús; no por nuestras excusas.

Recuerdo cuando una vecina me llamó un día y me pidió que la llevara al banco enseguida, antes de que cerrara, porque su auto no arrancaba. Yo estaba ocupada "haciendo lo mío" y no quería dejarlo, así que fui áspera e impaciente con ella. Tan pronto colgué el teléfono, supe lo mal que había actuado y que necesitaba llamarla, disculparme y llevarla al banco. Mi mente estaba llena de todas la excusas que podía darle por haber reaccionado tal mal: "No me sentía bien..." "Estaba ocupada..." "Yo también tenía un día malísimo..."

Pero en el fondo de mí, ¡podía sentir al Espíritu Santo diciéndome que no pusiera excusas!

"Limítate a llamarla y decirle que obraste mal, ¡punto! Di solamente: 'Actué mal y no hay excusas para el modo en que me comporté. Por favor, perdóname y permíteme llevarte al banco'".

Puedo asegurarte que era muy duro de hacer. ¡A mi carne le estaba dando un ataque! Podía sentir aquella cosita corriendo en círculos por mi alma, tratando desesperadamente de encontrar un lugar donde esconderse. Pero no hay manera de esconder la verdad, porque la verdad es luz.

## La verdad es luz

*En el principio [antes de todo el tiempo] existía el Verbo (Cristo), y el Verbo estaba con Dios, y el Verbo era Dios.*

*Él estaba en el principio con Dios.*

*Todas las cosas fueron hechas por medio de Él, y sin Él nada de lo que ha sido hecho, fue hecho.*

*En Él estaba la Vida, y la Vida era la Luz de los hombres.*

*Y la Luz brilla en las tinieblas, y las tinieblas no la comprendieron [porque las tinieblas nunca la han vencido ni apagado ni absorbido ni poseído].*

Juan 1:1-5

La verdad es una de las armas más poderosas contra el reino de las tinieblas. La verdad es luz, y la Biblia dice que las tinieblas jamás han vencido a la luz, ni nunca podrán hacerlo.

Satanás quiere mantener las cosas escondidas en la oscuridad, pero el Espíritu Santo desea sacarlas a la luz y tratar con ellas, para que tú y yo podamos ser verdadera y genuinamente libres.

Jesús dijo que sería la verdad la que nos haría libres (Juan 8:32). La verdad es revelada por el Espíritu de Verdad.

## El Espíritu de Verdad

*Aún tengo muchas cosas que deciros, pero ahora no las podéis soportar.*

*Pero cuando Él, el Espíritu de verdad (el Espíritu que dice la Verdad), venga, os guiará a toda la verdad (la verdad completa, la Verdad total)...*

Juan 16:12-13

Jesús pudo haber revelado a Sus discípulos toda la verdad, pero Él sabía que ellos no estaban listos para ella. Les dijo que tendrían que esperar hasta que el Espíritu Santo descendiera del cielo para permanecer con ellos y morar dentro de ellos.

Después que Jesús había ascendido al cielo, envió al Espíritu Santo a trabajar con nosotros, preparándonos continuamente para que la gloria de Dios se manifestara a través de nosotros en diferentes grados.

¿Cómo podemos tener al Espíritu Santo obrando en nuestras vidas si no enfrentamos la verdad? A Él se le llama "El Espíritu de Verdad". Una faceta importante de Su ministerio contigo y conmigo es ayudarnos a enfrentar la verdad; conducirnos a un lugar de verdad, porque sólo la verdad nos hará libres.

Algo en tu pasado —una persona, un suceso o una circunstancia que te hace sufrir— puede ser la fuente de tu actitud y conducta equivocadas, pero no permitas que se convierta en una excusa para seguir así.

Era cierto que muchos de mis problemas de conducta fueron causados por haber sido maltratada sexual, verbal y emocionalmente durante años; pero yo estaba atrapada en un patrón de conducta erróneo, en tanto utilizara el maltrato como una excusa para los problemas. Es como defenderte de tu enemigo diciendo: "Odio esta cosa, pero es por eso que la guardo".

Puedes sentir una liberación gloriosa de cualquier atadura. No tienes que pasarte cuarenta años vagando por el desierto. O si ya te has pasado cuarenta años o más allá afuera, porque no sabías que las "mentalidades desérticas" te estaban manteniendo allí, hoy puede ser tu día decisivo.

Pídele a Dios que empiece a mostrarte la verdad acerca de ti mismo. Cuando Él lo haga, ¡aférrate! No será fácil, pero recuerda, Él ha prometido: "...Nunca te dejaré ni te desampararé" (Hebreos 13:5).

*Estás en camino a salir del desierto; ¡disfruta la Tierra Prometida!*

# 22

# "Mi vida es tan desdichada; ¡mi vida es tan infeliz que doy lástima!"

**Mentalidad desértica #7**

*Entonces toda la congregación levantó la voz y clamó, y el pueblo lloró aquella noche.*
*Y murmuraron (...) todos los hijos de Israel, (...) ¡Ojalá hubiéramos muerto en la tierra de Egipto! ¡Ojalá hubiéramos muerto en este desierto!*

Números 14:1-2

Los israelitas se sentían muy infelices. Cada inconveniente se convertía en una nueva excusa para lamentarse.

Recuerdo cuando el Señor me habló durante una de mis "celebraciones de lástima". Me dijo: "Joyce, puedes ser lastimosa o poderosa, pero no puedes ser las dos cosas".

Este es un capítulo al que no quiero pasarle por encima muy rápido. ¡Es de una importancia *vital* comprender que *no podemos albergar demonios de autocompasión y también andar en el poder de Dios!*

## Alentaos y edificaos los unos a los otros

*Por tanto, alentaos (amonestaos, exhortaos) los unos a los otros, y edificaos (fortalecéis) el uno al otro, tal como lo estáis haciendo.*

1 Tesalonicenses 5:11

Me costó mucho dejar de tenerme lástima; yo la había usado durante años para consolarme cuando estaba sufriendo.

En cuanto alguien nos lastima, al minuto de sufrir una decepción, el diablo asigna un demonio a murmurarnos mentiras acerca de cuán cruel e injustamente nos han maltratado.

Todo lo que necesitas hacer es prestar atención a los pensamientos que entran veloces en tu mente en semejantes momentos, y te darás cuenta enseguida de cómo el enemigo emplea la autocompasión para mantenernos en un yugo.

Sin embargo, la Biblia no nos da la libertad de sentir lástima por nosotros mismos. En vez de eso, hemos de alentarnos y edificarnos unos a otros en el Señor.

Hay un verdadero don de compasión, que es tener lástima piadosa por otros que están sufriendo, y emplear nuestra vida en aliviar sus sufrimientos. Pero la autocompasión es pervertida, porque es tomar algo que Dios destinó a que lo diéramos a otros, y revertirlo en nosotros mismos.

El amor es lo mismo. En Romanos 5:5 dice que el Espíritu Santo ha derramado abundantemente el amor de Dios en nuestros corazones. Lo ha hecho para que podamos conocer cuánto nos ama Dios y que seamos capaces de amar a otros.

Cuando tomamos el amor de Dios, destinado a ser ofrendado a otros y lo volvemos hacia nosotros, se convierte en egoísmo y egocentrismo, lo que de hecho nos destruye. La autocompasión es idolatría; volvernos a nosotros mismos, concentrarnos en nosotros y nuestros sentimientos. Hace que nos percatemos sólo de nosotros mismos y de nuestras necesidades y cuidados; y esa es por cierto, una forma de vivir de mente muy estrecha.

## Piensa en otros

*No buscando cada uno [sólo] sus propios intereses, sino más bien el interés de los demás.*

Filipenses 2:4

Hace poco cancelaron inesperadamente uno de nuestros compromisos para predicar. Era uno que yo había estado esperando, y al principio, estaba un poco desanimada. Hubo un tiempo en que un incidente como este me hubiera arrojado en una pataleta de autocompasión, críticas, enjuiciamiento de la otra parte y toda clase de pensamientos y actos negativos. Pero ya he aprendido a quedarme tranquila en esas situaciones; es mejor no decir nada que decir lo que no se debe.

En tanto estaba sentada tranquila, Dios empezó a mostrarme la situación desde el punto de vista de la otra gente. No habían podido encontrar un edificio con capacidad para albergar la reunión y Dios me mostró cuán descorazonados se sentían. Habían contado con la reunión, la esperaban ansiosamente, y ahora no podían tenerla.

Sorprende ver lo fácil que es no dejarse dominar por la autocompasión si miramos el lado del otro y no sólo el nuestro. La autocompasión se basa en pensar sólo en nosotros y en nadie más.

Hay veces en que literalmente nos agotamos tratando de ganar simpatías. Sí, la autocompasión es una trampa grande y una de las herramientas favoritas de Satanás para mantenernos en el desierto. Si no tenemos cuidado, llegamos a convertirnos en adictos a ella.

Una adicción es algo que se hace como respuesta automática a algún estímulo; un patrón de conducta aprendido que se ha convertido en habitual.

¿Cuánto tiempo desperdicias en autocompasión? ¿Cómo reaccionas a las desilusiones?

Un cristiano tiene un raro privilegio cuando sufre una desilusión: puede ser designado de nuevo. Con Dios siempre hay una nueva oportunidad para nosotros. Sin embargo, la autocompasión nos mantiene atrapados en el pasado.

## ¡Suéltate de eso y deja que obre Dios!

*No recordéis [ansiosamente] las cosas anteriores, ni consideréis las cosas del pasado.*
*He aquí, hago algo nuevo, ahora acontece; ¿no lo percibís? Aun en los desiertos haré camino y ríos en el yermo.*

Isaías 43:18-19

Yo desperdicié muchos años de mi vida sintiendo lástima de mí misma. Era uno de esos casos de adicción. Mi reacción automática a cualquier clase de desilusión era la autocompasión. Satanás de inmediato me llenaba la mente de ideas perjudiciales, y no sabiendo cómo "pensar en lo que estaba pensando", me limitaba a pensar en cualquier cosa que se me ocurría. Mientras más pensaba, más infeliz me sentía.

Con frecuencia cuento episodios de los primeros años de nuestro matrimonio. Cada domingo por la tarde durante la temporada de fútbol, Dave quería ver los juegos por televisión. Si no era la temporada de fútbol, era otra "temporada de alguna pelota". A Dave le gustaban todas, y a mí ninguna. A él le gustaba cualquier cosa que implicara una pelota rebotando y podía ensimismarse de tal modo en algunos deportes, que ni siquiera sabía que yo existía.

Una vez me le paré en frente y le dije muy claro: "Dave, no me siento nada bien. Me siento morir".

Sin despegar los ojos de la pantalla de televisión, contestó: "Ajá, es magnífico, querida".

Me pasé muchas tardes de domingo enojada y compadeciéndome. Cuando me enojaba con Dave, siempre limpiaba la casa. Ahora sé que estaba tratando de hacer que él se sintiera culpable por estar disfrutando mientras yo era tan infeliz. Andaba por toda la casa durante horas en un frenesí, tirando puertas y gavetas, caminaba de un lado para otro del salón donde él estaba, con la aspiradora de polvo en mano, haciendo todo una ruidosa exhibición de lo duro que estaba trabajando.

Por supuesto, estaba tratando de llamar su atención, pero él a duras penas percibía algo. Al final me daba por vencida, iba hacia la parte de atrás de la casa, me sentaba en el suelo del baño y lloraba. Mientras más lloraba, más infeliz me sentía. Dios me dio una revelación años después de por qué una mujer se encierra en el baño a llorar. Él dice que es porque allí hay un gran espejo, y después que ha llorado bastante rato, puede ponerse de pie y mirarse bien en él, y ver cuán verdaderamente infeliz luce.

Yo lucía tan mal algunas veces que cuando me veía en el espejo, empezaba a llorar de nuevo. Finalmente, me daba mi última vuelta por el salón donde él estaba, caminando más lenta y lastimosamente que nunca. A veces él alzaba la vista lo suficiente para pedirme que le alcanzara algún té frío si iba a la cocina.

En resumen: ¡no funcionaba! Me agotaba emocionalmente; con frecuencia terminando por sentirme físicamente enferma debido a todas las emociones perjudiciales que había sentido todo el día.

Dios no te librará por tu propia mano, sino por la Suya. ¡Sólo Dios puede cambiar a las personas! Nadie más que el Todopoderoso pudo haber desalentado a Dave para que no deseara mirar todos los deportes que podía. Cuando aprendí a confiar en el Señor y a dejar de revolcarme en la autocompasión cuando no me salía con la mía, Dave adquirió un equilibrio con respecto a mirar todos los eventos deportivos.

Todavía los disfruta, y ahora eso no me molesta en realidad. Me limito a emplear el tiempo en hacer cosas que disfruto. Si realmente quiero o necesito hacer otra cosa, se lo pido a Dave con dulzura (no con enojo) y la mayoría de las veces él está dispuesto a alterar sus planes. No obstante, hay veces —y siempre las habrá— en que no me salgo con la mía. Tan pronto siento que mis emociones están subiendo de temperatura, oro: "Oh, Dios mío, ayúdame a pasar esta prueba. ¡No quiero volver a darle vueltas a esta montaña ni una vez más!"

# 23

# "No merezco las bendiciones de Dios porque no soy digno"

## Mentalidad desértica # 8

*Entonces el Señor dijo a Josué: "Hoy he quitado de vosotros el oprobio de Egipto". Por eso aquel lugar se ha llamado Gilgal hasta hoy.*

Josué 5:9

Después que Josué había conducido a los israelitas a través del río Jordán para entrar en la Tierra Prometida, había algo que Dios necesitaba hacer antes de que ellos estuvieran listos para conquistar y ocupar su primera ciudad, que sería Jericó.

El Señor ordenó que todos los israelitas varones fueran circuncidados, puesto que esto no se había hecho durante todo el trayecto de cuarenta años en que habían vagado por el desierto. Después que esto se hizo, el Señor dijo a Josué que Él había "quitado" de Su pueblo el oprobio de Egipto.

Unos pocos versículos después, en el capítulo 6, el relato se inicia con la forma en que Dios condujo a los hijos de Israel a vencer y capturar a Jericó. ¿Por qué había que quitar el oprobio primero? ¿Qué es un oprobio?

## Definición de oprobio

El término *oprobio* significa "culpa ... desgracia: vergüenza".[1] Cuando Dios dijo que Él "quitaría" el oprobio de Egipto de sobre los israelitas, estaba estableciendo un precedente. Egipto representa al mundo. Después de unos pocos años de estar en el mundo y volverse mundano, necesitamos que se nos quite el oprobio del mismo.

Debido a las cosas que yo había hecho y lo que me habían hecho, yo tenía una naturaleza fundada en la vergüenza. Me culpaba por lo que me había sucedido (aunque mucho de ello había tenido lugar en mi niñez y yo nada hubiese podido hacer para impedirlo).

Hemos dicho que la gracia es el poder de Dios que viene sobre nosotros, como un regalo de Él, para ayudarnos a hacer fácilmente lo que no podemos hacer por nosotros mismos. Dios quiere darnos gracia, y Satanás quiere darnos desgracia, que es otro sinónimo de oprobio.

La desgracia me decía que yo no era buena; que no era digna del amor o la ayuda de Dios. La vergüenza había emponzoñado mi ser interior. Me sentía avergonzada, no sólo de lo que me habían hecho, sino de mí misma. Muy en el fondo de mí, yo misma no me gustaba.

Quitar Dios el oprobio de nosotros quiere decir que cada uno de nosotros tiene que recibir por sí mismo el perdón que Él nos está ofreciendo por todos nuestros pecados pasados.

Tienes que darte cuenta de que tú nunca podrás merecer las bendiciones de Dios; jamás puedes ser digno de ellas. Sólo puedes aceptarlas y agradecerlas humildemente, y permanecer reverentemente asombrado de lo bondadoso que es Dios y de cuánto te ama.

Si te odias y rechazas a ti mismo, rehusando aceptar el perdón de Dios (perdonándote tú mismo), sin comprender la justificación mediante la sangre de Jesús, más otros problemas relacionados con éstos, seguirás vagando por el desierto. Es preciso que renueves tu mente con respecto a la reconciliación con Dios a través de Jesús ...y no por tus propias obras.

Estoy convencida, tras muchos años de ministerio, que cerca del 85% de nuestros problemas provienen del modo en que nos vemos y que sentimos por nosotros mismos. Cualquiera que conozcas que esté andando en victoria, también anda justificado.

Sé de sobra que no merezco las bendiciones de Dios, pero de todas formas las recibo porque soy coheredera con Cristo (Romanos 8:17). Él las ganó, y yo las obtengo poniendo mi fe en Él.

## ¿Heredero o bracero?

*Por tanto, ya no eres siervo (sirviente cautivo), sino hijo; y si hijo, [se deduce que eres] también heredero por medio de Dios [a través de Cristo].*

Gálatas 4:7

¿Eres un hijo o un esclavo? ¿Un heredero o un siervo en yugo? Un heredero es uno que recibe algo más de lo que merece, como cuando una propiedad pasa de la posesión de una persona a otra, por medio de un testamento. Un siervo o bracero, en el sentido bíblico, es uno que está hastiado de tratar de seguir la ley. El término implica laboreo pesado y trabajoso.

Yo vagué por el desierto durante años como un bracero, tratando de ser lo bastante buena para merecer lo que Dios quería darme gratis por Su gracia. Yo tenía un modo de pensar equivocado.

Primero, pensaba que todo tenía que ser ganado y merecido: "Nadie hace algo por ti a cambio de nada". Me habían enseñado este principio durante años. Una y otra vez había escuchado esa aserción mientras crecía. Me dijeron que cualquiera que actuara como si quisiera hacer algo por mí, estaba mintiendo y al final se aprovecharía de mí.

La experiencia con el mundo nos enseña que tenemos que merecer lo que conseguimos. Se nos dice que si deseamos amigos tenemos que mantenernos contentos todo el tiempo o ellos nos rechazarán. Todo el mundo dice que si deseamos un ascenso en nuestro empleo, tenemos que conocer a la persona clave, tratarla de cierto modo y quizás algún día tendremos una oportunidad de adelantar. Cuando hemos terminado con el mundo, el oprobio de éste pesa mucho sobre nosotros y definitivamente es preciso quitarlo.

## ¿Cómo te ves tú mismo?

*Vimos allí también a los gigantes (los hijos de Anac, son parte de la raza de los gigantes); y a nosotros nos pareció que éramos como langostas; y así parecíamos ante sus ojos.*

Números 13:33

Los israelitas tenían el oprobio sobre ellos. En este versículo se ve que tenían una opinión negativa de sí mismos. Diez de doce espías que fueron enviados a explorar la Tierra Prometida antes de que la nación entera cruzara el Jordán, regresaron diciendo que la tierra estaba habitada por gigantes que los miraban a ellos como a langostas; y así era como se veían ellos mismos.

Esto nos permite saber de forma obvia lo que esta gente pensaba de sí misma.

Debes estar consciente de que Satanás te llenará la mente (si se lo permites) con todo tipo de pensamientos negativos acerca de ti. Él empezó muy temprano a edificar fortalezas en tu mente, muchas de las cuales son cosas negativas acerca de ti y de otras personas a quienes tú estimas. Él siempre prepara unas cuantas situaciones en que te sientas rechazado, para poder hacerte recordar el dolor de ellas cuando estés tratando de hacer algún progreso.

El miedo al fracaso y el rechazo mantienen a mucha gente en el desierto. Tras haber sido esclavos en Egipto durante tantos años y haber vivido sujetos a graves malos tratos, el oprobio cubría a los israelitas. Es interesante observar que casi ninguno de la generación que originalmente salió con Moisés, entró en la Tierra Prometida. Fueron sus hijos los que entraron. No obstante, Dios les dijo que Él tenía que quitar su oprobio.

La mayoría de ellos había nacido en el desierto después que sus padres habían salido de Egipto. ¿Cómo podían tener el oprobio de Egipto sobre ellos si ni siquiera habían vivido allí?

Las cosas que pesaban sobre tus padres pueden traspasarse a ti. Pueden heredarse los patrones de conducta, pensamiento y actitudes. Un modo de pensar perjudicial que tenían tus padres puede volverse el tuyo. La forma en que tú piensas acerca de cierto tema puede traspasarse a ti, y tú ni siquiera sabrás por qué piensas así.

Un padre que tenga una pobre opinión de sí mismo, una actitud de indignidad y un modo de pensar de que "no merezco las bendiciones de Dios", puede traspasar ese modo de pensar a sus hijos.

Aunque ya he hablado de esto antes en el libro, como es un asunto tan importante, permíteme mencionar otra vez que hace falta estar alerta de lo que sucede en tu mente con respecto a ti mismo. Dios está dispuesto a derramar su misericordia sobre tus fracasos si tú estás dispuesto a recibirla. Él no premia al perfecto que no tiene faltas y jamás comete un error, sino a quienes ponen su fe y su confianza en Él.

## Tu fe en Dios lo complace a Él

*Y sin fe es imposible agradar a Dios; porque es necesario que el que se acerca a Dios crea que Él existe, y que es remunerador de los que le buscan.*

Hebreos 11:6

Por favor, observa que sin fe no puedes complacer a Dios; por consiguiente, no importa cuántas "buenas obras" tú ofrezcas, no lo complacerás si las haces para "ganar" Su favor.

Cualquier cosa que hagamos para Dios debe hacerse porque lo amamos, no porque estamos tratando de conseguir algo de Él.

Esta poderosa Escritura dice que Dios es el galardonador o remunerador de quienes lo buscan con diligencia. ¡Yo me regocijé cuando al fin vi esto! Sé que he cometido muchos errores en el pasado, pero también sé que he buscado diligentemente al Señor con todo mi corazón. Eso significa que soy digna de recompensa. Hace tiempo que decidí que recibiré cualquier bendición que Dios quiera darme.

El Señor deseaba llevar a los israelitas a la Tierra Prometida y bendecirlos más allá de lo que ellos pudieran imaginar, pero primero tuvo que quitarles el oprobio de encima. Ellos no hubieran podido recibir nada de Él como era debido mientras estuviesen cargados de vergüenza, culpa y desgracia.

## Por encima del oprobio

*Según [en Su amor] nos escogió [de hecho nos seleccionó para Él como Suyos] en Él antes de la fundación del mundo, para que fuéramos santos (consagrados y apartados para Él) y sin mancha delante de Él. En amor...*

Efesios 1:4

¡Esta es una maravillosa Escritura! En ella el Señor nos dice que somos Suyos y declara lo que quiere para nosotros: que tenemos que saber que somos amados, especiales, valiosos y que debemos ser santos, sin mancha y por encima del oprobio.

Naturalmente que debemos hacer lo que podamos para vivir vidas santas. Pero gracias a Dios, cuando cometemos errores, podemos ser perdonados y restaurados a la santidad, hechos una vez más sin mancha y por encima del oprobio... todos "en Él".

## Sin reproche ni crítica

*Pero si alguno de vosotros se ve falto de sabiduría, que la pida a Dios [Dador], el cual da a todos abundantemente [sin escatimar ni encontrar faltas] y sin reproche, y le será dada.*

Santiago 1:5

Esta es otra gran Escritura que nos enseña a recibir de Dios sin oprobio.

Santiago ha estado hablándole antes al pueblo que estaba pasando por pruebas, y ahora les está diciendo que si necesitan sabiduría en su situación, deberían pedírsela a Dios. Les asegura que Él nada les reprochará ni encontrará faltas en ellos; simplemente los ayudará.

Nunca podrás atravesar el desierto sin una gran cantidad de ayuda de Dios. Pero, si tienes una actitud negativa acerca de ti, aunque Él trate de ayudarte, no la recibirás.

Si deseas llevar una vida victoriosa, poderosa y positiva, no puedes ser negativo hacia ti. No te fijes en lo lejos que todavía tienes que ir, sino en lo lejos que ya has llegado. Evalúa tu progreso y recuerda que Filipenses 1:6 dice: *...estando convencido [y seguro] precisamente de esto: que él que comenzó en vosotros la buena obra, la perfeccionará hasta el día de Cristo Jesús [hasta el momento de Su regreso, desarrollándola y completándola en vosotros]* (Filipenses 1:6)

*¡Piensa y habla positivamente de ti!*

## NOTAS

1. *Webster's II New Riverside Dictionary,* s.v. "reproach".

239

# 24

# ¿Por qué no debo estar celoso y envidioso cuando todos los demás están mejor que yo?

### Mentalidad desértica # 9

*Entonces Pedro, al verlo (a Juan), dijo a Jesús: "Señor, ¿y éste, qué?"*

*Jesús le dijo: "Si yo quiero que él se quede (sobreviva, viva) hasta que Yo venga, ¿a ti, qué? [¿Qué te importa a ti?] Tú, sígueme".*

Juan 21:21-22

En Juan 21, Jesús estaba conversando con Pedro con respecto a las penalidades que él tendría que soportar a fin de servirlo y glorificarlo a Él. Tan pronto Jesús le había dicho estas cosas, Pedro se volvió, vio a Juan, e inmediatamente le preguntó a Jesús cuál era Su voluntad para éste. Pedro quería estar seguro de que si él tendría que pasar malos ratos, también los pasara Juan.

En respuesta, Jesús le hizo entender a Pedro que se ocupara de sus asuntos.

El meternos (tener la mente fija) en los asuntos de otra gente nos mantendrá en el desierto. Los celos, la envidia y el comparar nuestra situación y a nosotros mismos con otros, es una mentalidad desértica.

## Cuídate de los celos y la envidia

*Un corazón [y mente] apacible es vida [y salud] para el cuerpo, mas las pasiones [la envidia, los celos y la ira] son podredumbre de los huesos.*

Proverbios 14:30

La envidia hará que una persona se comporte de un modo rudo y encallecido; a veces hasta bestial. La envidia hizo que los hermanos de José lo vendieran como esclavo. Lo odiaban porque su padre lo amaba mucho.

Si hay alguien en tu familia que parece tener más favor que tú, no odies a esa persona. ¡Confía en Dios! Haz lo que Él te pida que hagas —cree en Él por Su favor— y terminarás como José: bendecido en extremo.

El *Vine's Expository Dictionary of Old and New Testament Words* define el término griego traducido como *envidia,* de este modo: "el sentimiento de disgusto producido por presenciar la prosperidad de otros".[1] Los *celos* se definen en el *Diccionario Enciclopédico Salvat* así: "Estado afectivo ambivalente caracterizado por el temor a perder la estima de una persona".[2] Interpreto esta definición como el temor a perder lo que uno tiene porque otro se lo quite; resentimiento por el éxito de otro, surgidos de sentimientos de envidia.

## No compararse ni competir

*Se suscitó también entre ellos un altercado, sobre cuál de ellos debería ser considerado como el mayor. Y Jesús les dijo: "Los reyes de los gentiles se enseñorean de ellos [rigiendo como dioses-emperadores]; y los que tienen autoridad sobre ellos son llamados bienhechores.*

*"Pero no es así con vosotros; antes, el mayor entre vosotros hágase como el menor, y el que dirige como el que sirve".*

Lucas 22:24-26

Al principio de mi vida tuve abundancia de luchas contra los celos, la envidia y la comparación. Este es un rasgo común de los inseguros. Si no estamos seguros con respecto a nuestro propio merecimiento y valor como individuo único, nos encontraremos naturalmente compitiendo con cualquiera que parezca tener éxito y le vaya bien.

Aprender que yo era una persona (para la que Dios tiene un plan único y personal para mi vida) ha sido ciertamente una de las más valiosas y preciosas libertades que el Señor me ha concedido. Estoy segura de que no necesito compararme yo (o mi ministerio) con nadie más.

Siempre me alienta que hay esperanza para mí cuando miro a los discípulos de Jesús y comprendo que ellos lucharon contra muchas de las mismas cosas que yo. En Lucas 22 encontramos a los discípulos discutiendo acerca de cuál de ellos era el mayor. Jesús les respondió que el mayor sería en realidad el que estuviera dispuesto a considerarse el menor o a ser sirviente. Nuestro Señor gastó mucha parte de Su tiempo tratando de enseñar a Sus discípulos de que la vida en el Reino de Dios es por lo regular lo diamentralmente opuesto al modo del mundo o la carne.

Jesús les enseñó cosas como: "Pero muchos primeros serán últimos, y los últimos, primeros" (Marcos 10:31), "Alegraos conmigo [los que son bendecidos"] (Lucas 15:6,9), "Amad a vuestros enemigos, y orad por los que os persiguen" (Mateo 5:44). El mundo dirá que eso es necedad; pero Jesús dice que es verdadero poder.

## Evita la competencia mundanal

*No nos hagamos vanagloriosos [engreídos, presuntuosos, arrogantes], provocándonos unos a otros, envidiándonos y celándonos unos a otros.*

Gálatas 5:26

De acuerdo con el sistema mundial, el mejor lugar para estar es delante de los demás. El pensamiento popular diría que debemos tratar de llegar a la cima sin importar a quién lastimamos en el camino hacia arriba. Pero la Biblia nos enseña que no existe una paz real hasta que nos hemos librado de la necesidad de competir con otros.

Aun en lo que se supone sean "juegos para entretener", con frecuencia vemos que la competencia se desequilibra tanto que la gente termina discutiendo y odiándose unos a otros. Naturalmente, los seres humanos no juegan para perder; todo el mundo trata de hacerlo todo lo mejor que puede. Pero cuando una persona no puede disfrutar un juego a menos que esté ganando, definitivamente tiene un problema; posiblemente uno profundamente implantado que le está provocando otros problemas en muchos aspectos de su vida.

Definitivamente deberíamos hacer nuestro mejor esfuerzo en lo que hacemos; no hay nada malo en desear que nos vaya bien y avanzar en la profesión que hemos escogido. Pero te exhorto a recordar que el ascenso para el creyente viene de Dios y no del hombre. Tú y yo no necesitamos competir en juegos mundanos para ir adelante. Dios nos dará favor con Él y con otros si hacemos las cosas a Su modo (Proverbios 3:3-4).

Los celos y la envidia son tormentos del infierno. Yo me pasé muchos años siendo celosa y envidiosa de cualquiera que luciera mejor que yo o tuviera talentos que me faltaban. Secretamente vivía en competencia con otros en el ministerio. Era muy importante para mí que "mi" ministerio fuera mayor en tamaño, mejor atendido, más próspero, etcétera, que el de cualquier otro. Si el ministerio de otra persona sobrepasaba al mío en cualquier forma, yo deseaba alegrarme por aquel individuo, porque yo sabía que era la voluntad y el modo de Dios, pero algo en mi alma no lo permitía.

Cuando crecí en el conocimiento de quién yo era en Cristo, y no en mis obras, encontré que había ganado libertad en no tener que compararme yo o cualquier cosa que yo hiciera, con alguien más. Mientras más aprendía a confiar en Dios, más libertad disfrutaba en estos aspectos. Aprendí que mi Padre celestial me ama y hará por mí lo que quiera que sea mejor... para mí.

Lo que Dios hace por ti o por mí puede no ser lo que Él hace por otro, pero tenemos que recordar que Jesús dijo a Pedro: "No te concierne lo que yo decida hacer con otro; ¡tú sígueme!"

A una amiga mía le fue concedido algo como un don del Señor que yo estaba esperando y deseaba desde hacía tiempo. Ahora bien, yo no consideraba que esta amiga fuese ni de lejos tan "espiritual" como yo, y por eso me puse muy celosa y envidiosa cuando ella muy entusiasmada vino a mi puerta a contarme lo que Dios había hecho por ella. Por supuesto, en su presencia, fingí alegrarme por ella, pero en mi corazón no lo estaba.

Cuando ella se fue, ¡se derramaron de mi actitudes que yo jamás hubiera pensado que estaban dentro de mí! De hecho me resentí de que Dios la bendijera porque *yo* no pensaba que ella lo merecía. Después de todo, *yo* permanecía en casa ayunando y orando mientras *ella* andaba divirtiéndose con sus amigas. Como ves, yo era una "farisea", una presuntuosa religiosa, y ni siquiera lo sabía.

A menudo Dios dispone los sucesos de un modo que nosotros no hubiésemos escogido, porque Él conoce lo que en realidad nos hace falta. Yo necesitaba deshacerme de mis malas actitudes mucho más que cualquier cosa que estaba pidiendo. Para Dios es importante arreglar nuestras circunstancias de modo que al final tengamos que enfrentarnos a nosotros mismos. De otro modo, nunca quedaremos libres.

Mientras el enemigo pueda esconderse en nuestra alma, siempre tendrá una cierta cantidad de control sobre nosotros. Pero cuando Dios lo descubre, estamos en camino a la liberación, *si* nos ponemos en las manos de Dios y le permitimos que haga rápidamente lo que Él desea hacer.

De hecho, Dios ya se había propuesto que el ministerio que Él me había destinado a administrar por Él fuera uno bastante grande y alcanzara millones de personas por radio y televisión, seminarios, libros y cintas. Pero Él no me hubiera permitido llegar a la plenitud de él, excepto al grado en que yo hubiera "crecido" en su plenitud.

## ¡Consigue un nuevo modo de pensar!

*Amado, ruego que seas prosperado en todo así*
*como prospera tu alma, y que tengas buena salud.*

3 Juan 2

Examina esta Escritura cuidadosamente. *Dios desea bendecirnos aun más de lo que nosotros deseamos ser bendecidos.* Pero Él también nos ama lo suficiente para no bendecirnos más allá de nuestra capacidad para manejar adecuadamente las bendiciones y continuar dándole la gloria a Él.

Los celos, la envidia y el compararse uno con otros es una niñería. Pertenece enteramente a la carne y nada tiene que ver con las cosas espirituales. Pero es una de las mayores causas para vivir en el desierto.

Escudriña tus pensamientos en este aspecto. Cuando reconozcas que empiezan a fluir en tu mente patrones de pensamiento perjudiciales, conversa contigo un poco. Di para tu capote: "¿Qué bien puede hacerme el estar celoso de otro? No me bendeciré. Dios tiene un plan individual para cada uno de nosotros ¡y yo confiaré en que Él hace lo mejor para mí. No es asunto mío lo que Él decida hacer por otra gente". Y después ora por ellos deliberadamente y a propósito para que sean más bendecidos.

No temas ser sincero con Dios acerca de tus sentimientos. Él sabe cómo te sientes de todas formas, así que bien puedes hablar con Él acerca de ello.

Yo le he dicho al Señor cosas como esta: "Dios, te pido para que _____ sea más bendecida aún. Haz que prospere, bendícela en todos los aspectos. Señor, te estoy pidiendo esto por fe. En mi espíritu me siento celosa e inferior a ella, pero *decido* hacer esto a Tu modo, tanto si lo siento como si no".

Hace poco oí que alguien decía que no importa cuán bien podamos hacer algo, siempre surgirá alguien que podrá hacerlo mejor. Esta afirmación tuvo un gran impacto en mí, porque sé que es cierta. Y si esto es verdad, ¿qué objetivo tiene luchar toda nuestra vida para adelantarnos a los demás? Tan pronto lleguemos al primer lugar, alguien estará compitiendo con nosotros y tarde o temprano aparecerá esa persona que podrá hacer lo que sea que estemos haciendo un poquito mejor que nosotros.

Piensa en los deportes; parece que no importa qué record logre imponer algún atleta, siempre después otro atleta viene y lo rompe. ¿Y del campo del entretenimiento? La estrella del momento está en la cima sólo por cierto tiempo y entonces alguien nuevo toma su lugar. ¡Qué terrible decepción es pensar que siempre tenemos que luchar para adelantarnos a los demás... y entonces luchar para permanecer allí!

Dios me recordó hace tiempo que las "estrellas fugaces" se alzan muy rápido y llaman mucho la atención, pero están en el cielo por un período muy corto de tiempo. La mayoría caen a la misma velocidad con que se elevaron. Me dijo que es mucho mejor seguir en el cielo por un largo tiempo —en mi lugar— y haciendo lo que Él me ha pedido que haga, lo mejor que pueda. Me aseguró que Él se hará cargo de mi reputación. Por mi parte, he decidido que lo que quiera que sea que Él desee que yo haga y esté, está bien para mí. ¿Por qué? Porque Él sabe lo que yo puedo manejar mucho mejor que yo.

Quizás has tenido una fortaleza mental durante mucho tiempo en esta zona. Cada vez que te cruzas con alguien que parece estar un poco más adelantado que tú, te sientes celoso, envidioso o deseas competir con esa persona. Si es así, te exhorto a conseguir un nuevo modo de pensar.

Ajusta tu mente para alegrarte por el éxito de otros y confíate a Dios tú mismo. Tomará su tiempo y necesitarás perseverar, pero cuando esa vieja fortaleza mental haya sido echada abajo y sea reemplazada por la Palabra de Dios, estarás en camino a la salida del desierto, hacia la Tierra Prometida.

## NOTAS

1. W. E. Vine, *Vine's Expsitory Dictionary of Old and New Testament Words* (Old Tappan: Fleming H. Revell, 1981), Vol. 2:E-Li, p. 37.
2. Diccionario enciclopédico Salvat (Salvat Editores, Barcelona, España).

# 25

# "O lo hago a mi manera, o no lo hago"

## Mentalidad desértica # 10

*Para que ellos pusieran su confianza en Dios, y no se olvidaran de las obras de Dios, sino que guardaran Sus mandamientos, y no fueran como sus padres, una generación porfiada y rebelde, generación que no preparó su corazón, y cuyo espíritu no fue fiel a Dios.*

Salmo 78:7-8

Los israelitas desplegaron mucha testarudez y rebeldía durante sus años en el desierto. Eso es precisamente lo que les hizo morir allí. ¡Sencillamente no hacían lo que Dios les dijo que hicieran! Clamaban a Dios para que los salvara cuando se buscaban problemas; incluso reaccionaban obedientes a Sus instrucciones... hasta que mejoraba su situación. Entonces, repetidamente, volvían a rebelarse.

Este mismo ciclo se repitió y quedó registrado tantas veces en el Antiguo Testamento, que es casi increíble. Y sin embargo, si no andamos en sabiduría, nos pasaremos nuestras vidas haciendo lo mismo.

Supongo que algunos de nosotros somos, por naturaleza, un poco más testarudos y rebeldes que otros. Y, claro, asimismo hay que tener en cuenta nuestras raíces y cómo empezamos nuestras vidas, porque eso nos afecta también.

Yo nací con una fuerte personalidad y probablemente me hubiera pasado muchos años tratando de hacer las cosas "a mi manera" sin tener en cuenta nada más. Pero los años que pasé siendo maltratada y controlada —unida a mi ya fuerte personalidad— se combinaron para desarrollar en mí un modo de pensar de que nadie me diría lo que tenía que hacer.

Obviamente, Dios tuvo que lidiar con esta mala actitud antes de poder usarme.

El Señor exige que aprendamos a descartar nuestros propios métodos y seamos flexibles y moldeables en Sus manos. En tanto seamos testarudos y rebeldes, Él no puede usarnos.

Para mí "testarudo" es obstinado, difícil de manejar o para trabajar con, y "rebelde" es que se resiste al control; resiste la corrección, indisciplinable; que se niega a seguir lineamientos comunes. Ambas definiciones me describen, ¡tal como era!

El maltrato que había sufrido al principio de mi vida me causó muchas de mis actitudes desequilibradas hacia la autoridad. Pero como dije antes en el libro, no podía permitir que mi pasado se convirtiera en una excusa para permanecer atrapada en la rebelión o en otra cosa. La vida victoriosa exige obediencia inmediata y exacta al Señor. Nosotros crecemos con nuestra capacidad y disposición para poner a un lado nuestra voluntad y hacer la Suya. Es vital que continuemos haciendo progresos en este aspecto.

No es suficiente alcanzar cierta altura y pensar: "He llegado todo lo más lejos que pienso ir". Tenemos que ser obedientes en todo; no reservarnos nada ni mantener cerrada ninguna puerta para el Señor en nuestras vidas. Todos tenemos estas "ciertas" zonas a las cuales nos aferramos todo lo más posible, pero te exhorto a recordar que un poquito de levadura fermenta toda la masa (1 Corintios 5:6).

# Dios quiere obediencia, no sacrificio

*Y Samuel dijo (al Rey Saúl): ¿Se complace el Señor tanto en holocaustos y sacrificios como en la obediencia a la voz del Señor? He aquí, el obedecer es mejor que un sacrificio, y el prestar atención, que la grosura de los carneros.*

*Porque la rebelión es como pecado de adivinación, y la desobediencia, como iniquidad e idolatría (imágenes domésticas de buena suerte). Por cuanto has desechado la palabra del Señor, Él también te ha desechado para que no seas rey.*

1 Samuel 15:22-23

Un examen de la vida de Saúl nos muestra vívidamente que se le dio una oportunidad de ser rey. Pero no mantuvo el cargo por mucho tiempo por causa de su testarudez y rebeldía. Él tenía sus propias ideas acerca de las cosas.

Una vez cuando Samuel el profeta le estaba riñendo a Saúl por no hacer lo que se le había dicho que hiciera, la respuesta de Saúl fue: "Yo pensé". Entonces procedió a expresar su idea de cómo pensaba que debían hacerse las cosas (1 Samuel 10:6-8; 13:8-14). La respuesta de Samuel al rey Saúl fue que Dios desea obediencia, no sacrificio.

A menudo, no queremos hacer lo que Dios nos pide, y entonces intentamos hacer algo para compensar nuestra desobediencia.

¿Cuántos hijos de Dios fracasan en "reinar como reyes en vida" (Romanos 5:17; Apocalipsis 1:6) por causa de su testarudez y rebeldía?

La introducción al libro de Eclesiastés en *La Biblia Ampliada* dice esto: "El propósito de este libro es investigar la vida como un todo y enseñar que en última instancia, la vida carece de sentido sin el apropiado respeto y reverencia hacia Dios".

Tenemos que entender que sin obediencia, no hay respeto ni reverencia adecuados. La rebeldía mostrada por muchos hijos hoy, es consecuencia de una falta del respeto y reverencia adecuados hacia sus padres. Esto es usualmente culpa de los padres, porque no han vivido ante sus hijos una vida que inspire respeto y reverencia.

Muchos eruditos están de acuerdo en que el libro de Eclesiastés fue escrito por el rey Salomón, a quien Dios le concedió más sabiduría que a cualquier otro hombre. Si Salomón tuvo tanta sabiduría ¿cómo puede haber cometido tantos tristes errores en su vida? La respuesta es simple: es posible tener algo y no utilizarlo. Tenemos la mente de Cristo, pero ¿la usamos siempre? Jesús nos ha hecho sabiduría de Dios, pero ¿usamos siempre sabiduría?

Salomón deseaba andar por su cuenta y hacer lo suyo. Se pasó la vida intentando primero una cosa y después otra. Lo tenía todo y cualquier cosa que el dinero pudiera comprar —lo mejor de todo placer mundano— y no obstante esto es lo que dijo a la conclusión del libro:

*La conclusión, cuando todo se ha oído, es esta: teme a Dios [reveréncialo y adóralo, sabiendo lo que Él es] y guarda sus mandamientos, porque esto [es todo el hombre, el propósito original y total de su creación, el objetivo de la providencia de Dios, la raíz del carácter, la base de toda felicidad, el ajuste de todas las circunstancias y condiciones discordantes bajo el sol y] concierne a [el deber de] toda persona.*

Eclesiastés 12:13

En mis propias palabras esto es lo que entiendo de esta Escritura:

Todo el propósito de la creación del hombre es que reverencie y adore a Dios obedeciéndolo; ese es el fundamento de toda felicidad. Nadie puede ser nunca verdaderamente feliz sin ser obediente a Dios. Cualquier cosa en nuestras vidas que esté desordenada será ajustada por la obediencia. La obediencia es todo el deber del hombre.

Hasta donde yo lo entiendo, ésta es una Escritura asombrosa, y te animo a continuar estudiándola por ti mismo.

## La obediencia y la desobediencia: Ambas traen consecuencias

*Porque así como por la desobediencia de un hombre los muchos fueron constituidos pecadores, así también por la obediencia de uno los muchos serán constituidos justos.*

Romanos 5:19

Nuestra decisión de obedecer o no obedecer no sólo nos afecta a nosotros, sino a multitud de otros. Piénsalo: si los israelitas hubieran obedecido rápidamente a Dios, ¿cuánto más grandiosas hubiesen sido sus vidas? Muchos de ellos y sus hijos murieron en el desierto porque no se sometieron a los modos de Dios. Sus hijos fueron afectados por sus decisiones, y también los nuestros.

Hace poco mi hijo mayor dijo: "Mami, tengo algo que decirte, y puede que llores, pero escúchame". Entonces prosiguió diciendo: "He estado pensando en ti y en Papi, y en los años que ustedes han dedicado a este ministerio, y todas las veces que ustedes han decidido obedecer a Dios y cómo eso no siempre ha sido fácil para ustedes. Me he dado cuenta, Mami, que tú y Papi han pasado por cosas que nadie sospecha, y quiero que sepan que esta mañana Dios me hizo percatarme de que yo me estoy beneficiando mucho de la obediencia de ustedes, y que lo agradezco".

Lo que me dijo significó mucho para mí, y me recordó Romanos 5:19.

Tu decisión de obedecer a Dios afecta a otra persona, y cuando tú decides desobedecer a Dios, eso también afecta a otros. Tú puedes desobedecer a Dios y decidir permanecer en el desierto, pero, por favor, ten en mente que si ahora tienes —o alguna vez tendrás— hijos, tu decisión también los mantendrá a ellos en el desierto contigo. Puede ser que ellos se las arreglen solos para salir cuando crezcan, pero puedo asegurarte que ellos pagarán un precio por tu desobediencia.

Tu vida podría ser mucho mejor ahora si alguno de tus antepasados hubiese obedecido a Dios.

La obediencia es algo que llega lejos; cierra las puertas del infierno y abre las ventanas del cielo.

Pudiera escribir un libro entero acerca de la obediencia, pero por ahora simplemente quiero sentar el principio de que una vida de desobediencia es el fruto del pensar incorrecto.

## Trae todo pensamiento en cautiverio a Cristo

*Porque las armas de nuestra contienda no son carnales [armas de carne y sangre], sino poderosas en Dios para la destrucción de fortalezas; [por cuanto vamos] destruyendo especulaciones y todo razonamiento altivo que se levanta contra el [verdadero] conocimiento de Dios, y poniendo todo pensamiento en cautiverio a la obediencia de Cristo (el Mesías, el Ungido).*

2 Corintios 10:4-5

Nuestros pensamientos son los que nos traen problemas muy a menudo.

En Isaías 55:8 el Señor dice: *Porque mis pensamientos no son vuestros pensamientos, ni vuestros caminos mis caminos...* No importa lo que tú o yo pensemos, Dios ha escrito Sus ideas para nosotros en Su libro llamado la Biblia. Tenemos que decidir examinar nuestros pensamientos a la luz de la Palabra de Dios, estando siempre dispuestos a someter nuestras ideas a las Suyas, sabiendo que las Suyas son las mejores.

Este es exactamente el principio expuesto en 2 Corintios 10:4-5. Examina lo que está en tu mente. Si no está de acuerdo con los pensamientos de Dios (la Biblia), entonces descarta tus propias ideas y piensa como Él.

La gente que vive envanecida de sus propias ideas, no sólo se destruye a sí misma, sino que muy frecuentemente, provoca la destrucción de quienes están alrededor.

*¡La mente es el campo de batalla!*

Es en este campo de la mente que ganarás o perderás la guerra que Satanás ha desatado. Oro de todo corazón para que este libro te ayude a echar abajo toda fantasía y toda cosa altiva y soberbia que se exalte contra el conocimiento de Dios, trayendo todo pensamiento en cautiverio a la obediencia de Jesucristo.

# Semblanza de la autora

**Joyce Meyer** ha venido enseñando la Palabra de Dios desde 1976 y en ministerio a tiempo completo desde 1980. Como pastora asociada en el Centro de Vida Cristiana en San Luis, Missouri, desarrolló, coordinaba y enseñaba una reunión semanal conocida como "Vida en la Palabra". Después de más de cinco años, el Señor lo terminó, guiándola a establecer su propio ministerio y llamarlo "Vida en la Palabra, Inc."

La transmisión radial de "Vida en la Palabra" de Joyce se escucha en 250 estaciones por todo el país. Su programa de televisión de 30 minutos "Vida en la Palabra con Joyce Meyer" salió al aire en 1993 y se transmite por todo Estados Unidos y muchos otros países. Sus cintas de enseñanza se disfrutan internacionalmente. Viaja extensamente dando conferencias de Vida en la Palabra, así como predicando en iglesias locales.

Joyce y su esposo, Dave, administrador financiero de Vida en la Palabra, han estado casados por 30 años y tienen cuatro hijos. Tres están casados y su hijo menor vive con ellos en Fenton, Missouri, un suburbio de San Luis.

Joyce cree que el llamado de su vida es establecer creyentes en la Palabra de Dios. Dice: "Jesús murió para liberar a los cautivos, y demasiados cristianos llevan vidas mediocres o derrotadas". Habiéndose encontrado en la misma situación hace muchos años, y habiendo encontrado la liberación para vivir en victoria mediante la aplicación de la Palabra de Dios, Joyce anda equipada para liberar a los cautivos y para cambiar *cenizas por belleza*.

Joyce ha enseñado acerca de la sanidad emocional y temas relacionados en reuniones por todo el país, ayudando a muchos miles. Ha grabado 150 distintos álbumes de audio casetes y es autora de 12 libros para ayudar al Cuerpo de Cristo en diversos tópicos.

Su "Paquete de sanidad emocional"\* contiene más de 23 horas de enseñanza sobre el tema. Los albumes incluidos en este paquete son: "Confianza"; "Belleza por Cenizas" (incluido un sumario); "Administrando tus emociones; "Amargura, resentimiento y falta de perdón"; "Raíz de rechazo"; y una cinta de 90 minutos con Escritura y música, titulada "Sanando a los acongojados".

El "Paquete mental"\* de Joyce tiene cinco diferentes series de cintas de audiocasetes sobre el tema de la mente. Incluyen: "Fortalezas mentales y modos de pensar"; "Mentalidad desértica"; "La mente de la carne"; "La mente vagabunda y dubitativa"; y "Mente, boca, humores y actitudes". El paquete también contiene el poderoso libro de Joyce de 260 páginas "Battlefield of the Mind". Acerca del tema del amor, tiene dos series de cintas tituladas "El amor es..." y "El amor: El poder supremo".

Escriba a la oficina de Joyce Meyer para un catálago de medios y más información sobre cómo obtener las cintas que usted necesite a fin de conseguir la total sanidad en su vida.

\* (Disponibles en inglés).

**Para localizar a la autora, escriba a:**

Joyce Meyer
Vida en la Palabra, Inc.
P.O.Box 655
Fenton, Missouri 63026
o llame:
(314) 349-0303

*Por favor, incluya su testimonio o ayuda recibida de este libro cuando escriba.*
Su solicitud de oración es bienvenida.